AF464049

Du Choix d'une Situation

PAR H. D.

AVOCAT

H. CONTE ET CIE

TRANSMISSION D'OFFICES MINISTÉRIELS

CHARGES PRIVILÉGIÉES — SITUATIONS DIVERSES

100, Boulevard Sébastopol, 100

PARIS

Tél. 1.030.48

La Maison **H. CONTE & Cie** *s'occupe particulièrement de transmission d'offices ministériels, charges privilégiées, situations diverses.*

Fondée en 1850, c'est la plus ancienne *et la plus réputée des maisons s'occupant de ce genre d'affaires.*

Depuis plusieurs années, elle publie un journal spécial: **L'Intermédiaire,** *où figure la liste des principales situations de la cession desquelles elle est chargée.*

Un numéro spécimen de ce journal est gratuitement adressé à toute personne qui lui en fait la demande.

Désireuse avant tout de bien établir sa correction en affaires, la maison tient à la disposition de ses Clients, à titre de références, la liste des affaires antérieurement traitées par elle.

DU CHOIX D'UNE SITUATION

Du Choix d'une Situation

PAR H. D.

AVOCAT

H. CONTE ET CIE

TRANSMISSION D'OFFICES MINISTÉRIELS

CHARGES PRIVILÉGIÉES — SITUATIONS DIVERSES

100, Boulevard Sébastopol, 100

PARIS

Tél. 1.030.48

PRÉFACE

La sympathie avec laquelle les lecteurs de l'Intermédiaire ont bien voulu accueillir la série des articles intitulés: " Du choix d'une situation ", dûs à la plume d'un ancien Avocat à la Cour de Paris, et le succès que cette étude a rencontré auprès d'eux, nous a encouragé à la publication de cet opuscule, où nous les avons reproduits et complétés.

Nous espérons qu'il continuera à rendre à tous ceux qui, soit pour eux-mêmes, soit pour leurs enfants, sont à la recherche d'une situation, les mêmes services que notre publication a déjà rendus à tant d'autres de nos lecteurs.

Il est inutile de dire que ces études ont été faites avec le plus grand souci d'une impartialité absolue et uniquement dans le but de fournir, sur les situations qui y sont examinées, des renseignements généraux susceptibles de guider le choix de nos lecteurs suivant leurs goûts et leurs aptitudes.

Au surplus la Maison H. Conte et Cie se fera toujours un devoir de fournir, à titre absolument gracieux, à ceux qui lui en feront la demande tous les renseignements complémentaires susceptibles de les éclairer.

Nous ne saurions trop recommander à nos clients toutes les fois que la chose leur sera possible, de venir nous voir, une conversation de quelques minutes nous permettra de les fixer bien mieux qu'une longue correspondance.

H. CONTE & Cie.

DU CHOIX D'UNE SITUATION

CHAPITRE PRELIMINAIRE

A l'heure actuelle, le choix d'une situation constitue l'une des plus pressantes préoccupations de toute famille ayant un fils à placer, comme de tout jeune homme arrivé au terme de ses études.

Et, en dépit de la multiplicité des carrières qui s'ouvrent à l'activité d'un fils de famille, arrivé à l'âge de se suffire à lui-même, dans quel embarras ne se trouve-t-on pas le plus souvent lorsqu'il s'agit de prendre une décision?

C'est qu'aussi c'est chose grave. De la voie qu'on aura dès l'abord fait suivre au jeune homme dépendra souvent tout son avenir, et on ne saurait trop réfléchir avant de l'engager ou de le laisser s'engager d'une façon irrévocable.

Nombre de lettres qui nous parviennent chaque jour, sollicitant des renseignements, montrent combien ce souci de l'avenir est général, et combien aussi est grand l'embarras des enfants, ou des parents responsables, sollicités vers des carrières sur lesquelles ils n'ont, en général, que des renseignements des plus imparfaits.

Aussi avons-nous pensé répondre à un besoin en

publiant une étude complète, quoique succincte, des différentes situations qui peuvent s'offrir à nos lecteurs, pour eux ou leurs fils. Nous procéderons à ces études avec la plus grande impartialité, en tâchant d'indiquer, pour chaque position étudiée, en regard des avantages qu'elle offre, les inconvénients qu'elle peut présenter.

Notre étude sera, dans son ensemble, partagée en deux grandes divisions :

1° Les offices ministériels et les charges privilégiées;

2° Les situations libres.

Et dans ces sous-chapitres, nous examinerons en détail chacune des professions comprises sous ces différentes rubriques.

Nos lecteurs remarqueront que, dans notre plan, nous passons sous silence les situations oficielles; nous entendons par là les postes de fonctionnaires qui sont attribués soit au choix, soit d'après une sélection plus ou moins rigoureuse, basée sur le résultat d'examens ou de concours.

Nous estimons, en effet, que ces sortes de situations, en raison de l'encombrement, et en dépit des avantages qu'elles paraissent présenter, ne peuvent constituer pour un jeune homme, sauf des exceptions de plus en plus rares, qu'un pis aller à peine acceptable. Non seulement il est nécessaire, avant d'y entrer, d'accomplir de longs stages, peu ou point rémunérés, en attendant l'arrivée du tour que l'ordre d'inscription assigne au candidat, mais encore l'avancement y est devenu de plus en plus difficile. En outre, et surtout, les tours de faveurs. dus au jeu des influences, achèvent bien souvent de maintenir, dans un poste ingrat ou subalterne, le fonctionnaire même méritant, qui n'a pas su se ménager suffisamment d'appuis.

D'ailleurs, la quantité de démissions qui se produisent dans le monde des fonctionnaires sont un suffisant symptôme de la situation que nous signalons.

CHAPITRE PREMIER

Offices ministériels et charges privilégiées.

I. — Généralités.

Les offices ministériels et toutes les professions qui s'y rattachent, de même que les charges ou fonctions jouissant d'un privilège, sont toujours des plus recherchés.

Si, dans ces sortes de situations, l'effort du titulaire est limité, en ce sens que la rigueur des règlements, le fait aussi que ses opérations sont bornées à une circonscription nettement déterminée, font que ses produits ne peuvent être augmentés, quelle que soit son activité, que dans des limites restreintes; d'autre part, la concurrence moins âpre, et toujours réglementée, les facilités qu'on y trouve de contracter un mariage avantageux, font que, malgré la mise de fonds importante qu'elles nécessitent presque toutes, ces situations sont et demeureront très demandées.

Il ne faut cependant pas s'exagérer la sécurité qu'offrent les offices ministériels. Partout, et là comme ailleurs, on ne saurait trop le répéter, les qualités personnelles du titulaire jouent le plus grand rôle ; et c'est surtout de son activité, ainsi que de ses connaissances professionnelles que dépendra le succès.

Il ne faut donc pas songer à acquérir un office ministériel avec l'illusion que, quoi qu'on fasse, la clientèle continuera à y venir comme par le passé. Et il faut bien se pénétrer de cette idée que toute négligence, toute insuffisance de direction, ne peuvent que provoquer la décroissance, ou même la disparition des produits.

Ceci dit, nous allons passer en revue les différentes professions comprises sous ce chapitre.

II. — Etudes de notaires.

Les notaires sont des fonctionnaires publics établis pour recevoir tous les actes ou tous les contrats auxquels les parties veulent, ou doivent faire donner le caractère d'authenticité attaché aux actes de l'autorité publique, en assurer la date, en conserver le dépôt, délivrer des grosses ou des expéditions (Loi 25 ventôse, an XI, art. 1er). Ils sont nommés à vie, et ne peuvent être suspendus ou destitués que par des jugements.

La loi du 25 ventôse, an XI, modifiée par la loi du 12 août 1902, fixe le nombre des notaires à un maximum de un au plus pour 6.000 habitants, dans les villes de 100.000 habitants et au-dessus ; dans les autres résidences, un au moins par canton.

Les notaires sont divisés en trois classes :

1° Les notaires des villes où est établie une cour d'appel, qui ont droit d'instrumenter dans l'étendue du ressort de cette cour;

2° Les notaires des villes où est établi un tribunal de première instance, qui ont droit d'instrumenter dans l'étendue du ressort de ce tribunal.

3° Les notaires des autres communes, qui ont droit d'instrumenter dans le ressort de la justice de paix dont ils dépendent.

Aux termes de l'art. 35 de la loi du 25 ventôse, an XI, modifié par la loi du 12 août 1902, il faut, pour être admis aux fonctions de notaire :

1° Jouir de l'exercice des droits du citoyen (Certificat du maire du domicile du candidat constatant qu'il n'est dans aucun des cas de suspension ou de privation des droits politiques) ;

2° Avoir satisfait aux lois sur le recrutement de l'armée;

3° Etre âgé de 25 ans accomplis;

4° Justifier du stage prescrit par la loi;

5° Avoir subi avec succès un examen professionnel.

Le stage doit être accompli dans une étude de notaire. L'aspirant au notariat, pour être inscrit au stage, doit justifier qu'il a dix-sept ans accomplis et produire un certificat de bonnes vies et mœurs.

Le stage est, en principe, de six années entières et non interrompues, dont deux années au moins en qualité de premier clerc. Une de ces deux années doit être accomplie dans une étude d'une classe au moins égale à celle de l'étude que le candidat visera à occuper.

Toutefois, la durée du stage peut être réduite pour

certaines catégories de personnes (anciens magistrats, avocats, avoués, etc.).

L'examen professionnel est passé au chef-lieu du département où le candidat accomplit son stage, devant une commission spéciale, réunie sous la présidence du président ou du syndic de la chambre des notaires, et composée de cinq membres au moins, dont un ou plusieurs notaires délégués par les chambres du département, et un agent supérieur de l'enregistrement. L'examen comprend deux épreuves : l'une écrite, comportant la rédaction d'au moins deux formules d'actes, l'autre orale et publique.

Les notaires, avant d'entrer en fonctions, doivent verser un cautionnement et prêter serment.

Les fonctions de juge, d'avocat, de commissaire-priseur, de greffier de paix, de membre ou de secrétaire d'un conseil de prud'hommes sont incompatibles avec celles de notaire. De même les notaires ne peuvent être investis de fonctions administratives.

Le prix des études de notaires est variable, suivant leur situation, le pays, les facilités qu'offre la résidence. Mais on peut tabler sur un prix moyen de cinq à six fois le produit brut. La somme à verser comptant sur le prix est au moins d'un tiers, et plus généralement de moitié ou des deux tiers, le tout pouvant d'ailleurs varier considérablement suivant les garanties offertes par les candidats, ou les convenances personnelles du cédant.

En dépit des responsabilités souvent lourdes qu'une jurisprudence, qu'on peut qualifier d'excessive, fait peser sur leurs titulaires, les études de notaires sont toujours très recherchées, surtout dans les villes ou dans les agglomérations desservies par une voie ferrée.

Par contre, les études purement rurales, éloignées de la voie ferrée, sont l'objet d'une sorte de discrédit, à notre avis tout à fait immérité. En effet, dans cette dernière catégorie, les désavantages résultant de l'absence de moyens de communication sont cómpensés au-delà par de multiples avantages : prix plus modéré de ces études, réduction des frais, bon marché de la vie, enfin concurrence moins âpre, et stabilité plus grande de la clientèle à qui les facilités de déplacement offertes par la voie ferrée, donnent trop souvent la tentation de changer d'étude.

III. — Etudes d'huissiers.

Les huissiers sont des officiers ministériels chargés par la loi des significations judiciaires ou extrajudiciaires, de l'exécution forcée des actes publics, et du service intérieur des tribunaux (décret du 14 juin 1813).

Leurs attributions consistent à faire tous exploits et significations extrajudiciaires, toutes significations nécessaires pour l'instruction des procès, ainsi que tous actes et exploits requis pour l'exécution des ordonnances de justice, jugements ou arrêts, tels les commandements, les saisies. Ils notifient aussi les contraintes en matière d'enregistrement.

Ils n'ont pas cependant un droit exclusif de signification pour tous les actes : c'est ainsi que les notaires, les gardes forestiers, les employés de la régie, etc., etc., ont dans certaines matières, droit de faire des significations.

Les huissiers impriment à leurs actes un caractère authentique. Ils ne peuvent procéder dans certains cas déterminés par la loi, qu'avec l'assistance de témoins.

Tout candidat aux fonctions d'huissier doit remplir les conditions suivantes :

1° Etre français ou naturalisé français;

2° Etre âgé de vingt-cinq accomplis;

3° Avoir satisfait aux lois de recrutement;

4° Avoir travaillé pendant deux ans soit dans l'étude d'un notaire ou d'un avoué, soit chez un huissier; ou pendant trois ans au greffe d'une cour d'appel ou d'un tribunal de première instance;

5° Avoir obtenu de la chambre de discipline un certificat de moralité, de bonne conduite et de capacité.

L'huissier doit, avant d'entrer en fonctions, verser un cautionnement, et prêter serment de se conformer aux lois et règlements concernant son ministère, et de remplir ses fonctions avec exactitude et probité.

Les fonctions d'huissier sont incompatibles avec toutes les fonctions publiques salariées; avec celles de notaire, greffier, avocat, avoué, agréé, commissaire de police, etc. En matière civile, les huissiers ne peuvent instrumenter que dans l'étendue du ressort du tribunal de première instance de leur résidence.

En matière criminelle, correctionnelle ou de simple police, les huissiers ne peuvent instrumenter hors du canton de leur résidence sans un ordre exprès du parquet ou du juge d'instruction; ils peuvent, en vertu d'un ordre du procureur général, se transporter dans tout le ressort de la Cour d'appel.

L'huissier doit faire par lui-même les significations

dont il est chargé, sous peine des condamnations prononcées par l'art. 45 du décret de 1813 (1).

Les huissiers ne peuvent se rendre cessionnaires des procès ou droits litigieux de la compétence du tribunal auprès duquel il exerçent, se rendre adjudicataires dans les ventes de meubles. Ils sont tenus de prêter leur ministère toutes les fois qu'ils en sont légalement requis.

En principe, il leur est interdit de faire l'encaissement des effets de commerce portant la mention : retour sans frais. Toutefois cet encaissement est toléré par la chancellerie dans certaines localités.

Les huissiers sont tenus à la résidence fixée par le tribunal de leur ressort.

Les cours et tribunaux choisissent, pour le service intérieur de leurs audiences, un certain nombre d'huissiers, dit audienciers, renouvelables chaque année.

Moins recherchées que les études de notaires, les études d'huissiers constituent cependant un débouché intéressant : elles se cèdent en effet pour un prix qui varie suivant la situation, la résidence, etc., entre trois et quatre ou cinq fois le produit brut de la charge, avec un comptant qui est en général d'au moins un tiers, et presque toujours supérieur.

Les études seules du canton, en raison de leur situation privilégiée au regard de la concurrence; les études de ville, d'autre part, pour la facilité des communications, et les avantages de la résidence, sont particulièrement recherchées.

---

1. Depuis de nombreuses années, à Paris et dans plusieurs grands centres, ce texte est devenu lettre morte, et les actes courants sont, dans la pratique, signifiés par des clercs.

IV. — Etudes d'avoués.

Les avoués sont des officiers ministériels chargés de représenter les parties devant les tribunaux civils ou les cours d'appel. Leur ministère est en principe obligatoire, ils sont les représentants nécessaires et obligés des plaideurs devant les tribunaux civils et les cours d'appel.

Toutefois, en matière de contributions indirectes, d'enregistrement, de timbre, de douane, leur ministère, par exception, n'est pas exigé, et les administrations ou les particuliers peuvent conclure par eux-mêmes. En outre, dans les procédures d'expropriations pour cause d'utilité publique, leur ministère est, en principe, interdit, et ils ne peuvent agir dans ces sortes d'instances en d'autre qualité que celle d'un mandataire ordinaire (1).

Les règles fondamentales de la profession d'avoué sont contenues dans les lois du 27 ventôse an VIII et 22 ventôse an XII.

Les avoués sont nommés par décret du chef de l'Etat rendu sur la présentation du titulaire, ou, en cas de décès, de la veuve ou de ses héritiers, en même temps que sur la présentation du tribunal.

Il faut, pour être nommé :

1° Justifier par un certificat du maire du domicile du candidat que celui-ci ne se trouve dans aucun cas de suspension ou de privation de ses droits politiques;

2° Avoir satisfait aux lois sur le recrutement;

3° Etre âgé de 25 ans accomplis;

---

1. En matière correctionnelle ou criminelle, le ministère de l'avoué est facultatif.

4° Produire : a) Un certificat de capacité délivré par la Chambre des avoués du tribunal près duquel le candidat doit exercer ;

b) Un certificat de bonnes vie et mœurs ;

c) Le diplôme de licencié, de bachelier en droit ou un certificat de capacité délivré par une faculté de droit ;

5° Justifier de cinq années de cléricature dans une étude d'avoué (ou trois années seulement pour les candidats à une étude de première instance munis de la licence en droit).

6° Une déclaration de non parenté ou alliance avec les membres du tribunal près duquel le candidat doit exercer, ainsi qu'avec les membres de la cour dont le tribunal dépend (1).

Avant d'être admis à exercer, l'avoué doit enfin justifier du versement d'un cautionnement.

Les fonctions d'avoué sont incompatibles avec celles de juge ou conseiller, de substitut ou procureur, de notaire, huissier, avocat, greffier, receveur des contributions ou des finances, commissaire de police, conseiller de préfecture.

Les avoués ne peuvent occuper hors du ressort du tribunal auquel ils sont attachés. Ils doivent avoir leur domicile dans la ville où siège le tribunal ou la cour auprès desquels ils exercent, et ne peuvent exercer dans deux villes différentes. L'avoué est le mandataire légal de la partie : il lie celle-ci par ses faits ou ses déclarations, depuis le moment où il a fait acte de constitution, et ce, tant que la partie ne l'a pas désavoué.

---

1. L'avoué ne peut, à peine de nullité, occuper devant un tribunal ou une cour qui comprend, parmi les juges appelés à siéger, un de ses parents ou alliés jusqu'au 3e degré inclusivement.

En principe, l'avoué est un simple mandataire légal chargé de représenter les parties et de diriger la procédure écrite; quant à la plaidoirie, elle appartient à l'avocat. Cependant, dans les villes qui ne sont pas le siège d'une cour d'appel, et lorsque le nombre des avocats du siège est insuffisant pour l'expédition des affaires, les avoués de première instance ont droit de plaider. A plus forte raison, en est-il ainsi quand aucun avocat n'est inscrit auprès du tribunal auquel l'avoué appartient.

Ainsi donc les études d'avoués se partagent en deux grandes classes :

1° Les avoués près les cours d'appel, qui ont le monopole exclusif des instances introduites devant la cour à laquelle ils appartiennent, mais ne peuvent exercer devant les tribunaux de premièr instance.

Leurs charges sont en général extrêmement recherchées, par conséquent très rares et d'un prix très élevé : elles se paient à raison d'environ huit fois le produit brut.

2° Les avoués près les tribunaux civils, qui se divisent à leur tour, comme nous venons de le voir, en deux catégories : les avoués plaidants, c'est-à-dire qui ont, ou partagent avec les avocats du ressort le monopole des plaidoiries, et les avoués non plaidants, appartenant à des résidences dans lesquelles il existe un nombre d'avocats suffisant pour assurer l'instruction orale des affaires.

A l'une ou l'autre de ces deux catégories qu'elles appartiennent, ces études se paient, suivant l'importance du tribunal, la résidence, etc., de cinq à sept fois le produit brut.

Outre la représentation des parties devant les tribunaux civils, les avoués, dans beaucoup de résidences, assurent, soit seuls, soit en concurrence avec les agréés et les avocats, le service des tribunaux de commerce.

En outre, il est assez fréquent, en province, de voir l'avoué s'occuper de représentation en justice de paix.

Bien que, devant ces deux juridictions, son ministère ne soit pas obligatoire, sa compétence et son expérience des affaires, ainsi que les garanties qu'il présente, font qu'il en est souvent sollicité. Et c'est là une source de produits très appréciable qui s'ajoute à ceux de la charge proprement dite.

Parfois même, auprès de certains tribunaux, c'est aux avoués qu'on réserve les fonctions de liquidateurs et de syndics de faillites.

V. — Charges d'agréés.

Les charges d'agréés constituent une classe toute spéciale dans la catégorie des situations qui font l'objet du présent chapitre.

Alors que jusqu'ici nous nous sommes trouvés en présence d'officiers ministériels, nommés par décret et soumis au contrôle de la chancellerie, nous tombons, avec les agréés, dans une catégorie mixte, qui tout en jouissant d'un monopole de fait, et en présentant à certain point de vue un caractère quasi-officiel, ne constitue en réalité qu'une classe de mandataires privilégiés.

A la différence de l'avoué, avec lequel son ministère présente le plus d'analogie, l'intervention de l'agréé n'est pas obligatoire devant le tribunal de commerce.

L'agréé est en un mot un mandataire officieux, accrédité auprès d'un tribunal de commerce et par lui.

Bien que les charges d'agréés ne bénéficient pas, légalement, du bénéfice du droit de présentation reconnu à tous les titulaires d'offices ministériels, en fait on leur concède toujours le droit de présenter leur successeur à l'agrément du tribunal de commerce dont ils dépendent.

La situation des charges d'agréés varie considérablement suivant les localités. Dans certaines villes, ils ont le monopole des affaires devant le tribunal de commerce; dans d'autres, au contraire, ils ne viennent qu'en concurrence avec les avoués, et parfois les avocats.

Ces sortes de situations sont, dans les grandes villes surtout où elles peuvent presque être mises sur le pied des études d'avoués, de plus en plus recherchées.

Leur prix varie de trois à six fois le produit brut, suivant la résidence et les avantages de la charge. De même que pour les études d'avoués, le diplôme de licencié en droit est souvent exigé du candidat. Mais aucune condition de stage n'est légalement requise.

VI. — Des greffes.

Le greffier est un fonctionnaire établi près de chaque cour ou chaque tribunal et dont le principal emploi est d'écrire tous les actes du ministère des juges, d'en garder minute et d'en délivrer des expéditions.

Nous ne nous occuperons, dans cette étude, que des charges de greffiers près les cours d'appel, les tribunaux civils ou de commerce, les justices de paix et les tribunaux de simple police.

Pour être admis aux fonctions de greffier il faut :

1° Jouir des droits civils et politiques;

2° Avoir satisfait aux lois sur le recrutement;

3° Etre âgé de 25 ans accomplis (de 27 ans s'il s'agit d'un greffe près d'une cour d'appel).

4° Etre licencié en droit, et avoir suivi le barreau pendant deux ans s'il s'agit d'une charge de greffier près la cour d'appel. (Pour les greffes civils, de commerce ou de paix, on n'exige aucune condition de stage ou d'études préalables).

5° N'être ni parent, ni allié, jusqu'au degré d'oncle ou de neveu inclusivement d'un membre de la cour ou du tribunal auprès duquel le candidat devra exercer ses fonctions. La nomination du greffier a lieu par décret rendu sur la proposition du garde des sceaux. Avant son installation le greffier doit verser un cautionnement, variable avec la résidence, et prêter le serment professionnel.

Les fonctions de greffier sont incompatibles avec celles de juge, membre du parquet, préfet, sous-préfet, conseiller de préfecture ou secrétaire général, avoué, huissier, notaire, commissaire-priseur (sauf pour les greffiers de paix qui peuvent cumuler les deux fonctions) (1),avocat, secrétaire de mairie, instituteur, clerc

1. Les greffiers de paix partagent avec les notaires et les huissiers, dans les lieux où il n'existe pas de commissaires-priseurs, le droit de procéder aux ventes publiques de meubles.

de notaire, d'avoué ou d'huissier, ainsi qu'avec toutes fonctions publiques sujettes à comptabilité pécuniaire.

Les greffiers sont fonctionnaires publics; leurs principales fonctions consistent : à assister les tribunaux et les membres des tribunaux, à signer les jugements et les actes des juges, à conserver les archives des tribunaux, à délivrer les expéditions des minutes et des actes judiciaires, à présider à certains actes d'instruction et d'exécution, etc.

Les greffiers touchent un traitement fixe, et des émoluments qui leur sont alloués pour la confection et la rédaction des actes de leur ministère.

Les greffes sont, en général, extrêmement recherchés, et conséquemment fort chers. Les greffes de cours d'appel, très rares, quasi-introuvables, se cèdent à raison de douze à quinze fois le produit brut. Pour les autres : greffes de tribunaux civils, de commerce, de paix, de simple police, leur valeur est d'environ dix fois le produit brut.

En raison du montant élevé du prix dissimulé, qui atteint et dépasse même 50 % du prix total, il est nécessaire, pour acquérir une de ces situations, de disposer d'au moins moitié du prix comptant.

Ces situations sont à la portée de tous, en ce sens qu'aucun stage n'est exigé, et qu'elles ne nécessitent que peu de connaissances spéciales.

Toutefois, il est bon de ne pas traiter sans avoir au moins quelques notions sur la conduite et la direction d'un greffe. Agir autrement serait, en dépit de la facilité apparente de ces fonctions, s'exposer à des mécomptes parfois graves.

Le grand avantage des greffes est d'être de par leur nature même, à l'abri de toute concurrence. Les seuls aléas qu'ils présentent consistent, soit dans leur situation dans une résidence dont les affaires peuvent, par suite de circonstances générales ou locales, venir à péricliter, et à diminuer par conséquent les produits, soit dans les modifications d'ordre législatif. C'est ainsi, dans cet ordre d'idées, que les greffes des tribunaux civils ont pu paraître un instant menacés par la loi sur l'extension de la compétence des juges de paix, quoiqu'en réalité leur situation n'ait pas été, de ce chef, sensiblement changée.

La majeure partie des greffiers de paix s'occupe en dehors des fonctions du greffe proprement dit, de travaux accessoires, tels qu'assurances, expertises, ventes et prisées, etc., dont les produits viennent s'ajouter à ceux du greffe, et qui se cèdent, en général, avec le greffe lui-même.

VII. — Charges de Commissaires-priseurs.

Lees Commissaires-priseurs sont des officiers ministériels, dont la fonction consiste à procéder à l'estimation et à la vente publique des meubles et objets mobiliers. Ils sont, comme tous les officiers ministériels, nommés par décret du chef de l'Etat sur la présentation du garde des Sceaux.

Les conditions requises pour être nommé commissaire-priseur sont :

1° Etre âgé de 25 ans accomplis;

2° Etre citoyen Français, jouissant de ses droits civils et ayant satisfait à la loi sur le recrutement.

Aucun stage n'est prescrit par la loi; on demande

seulement au candidat de justifier de quelques connaissances juridiques élémentaires (notamment au point de vue de la distinction des biens meubles et immeubles).

Le candidat a, avant d'entrer en fonctions, à verser un cautionnement et à prêter serment.

Les commissaires-priseurs ont seuls le droit de procéder soit à la vente publique, soit à la vente privée des meubles et objets mobiliers de toute nature. Mais ce privilège ne leur est acquis que dans le chef-lieu de leur arrondissement. Partout ailleurs, ils ne peuvent que venir en concurrence avec les notaires, les huissiers, ou les greffiers de paix.

Les fonctions de commissaire-priseur sont incompatibles avec celles de notaire ou d'huissier; elles peuvent, au contraire, s'exercer concurremment avec celles de greffier de paix. Le tarif de leurs droits et honoraires est fixé par la loi du 18 juin 1843, qui doit être impérativement observé.

Lorsqu'une même résidence comprend plusieurs commissaires-priseurs, ceux-ci ont une bourse commune qui est alimentée par les versements faits par chacun d'eux sur les émoluments qui leur sont attribués. Cette bourse commune sert de garantie privilégiée pour le paiement du produit des ventes réalisées. Les fonds de la bourse commune sont périodiquement partagés entre tous les commissaires-priseurs.

Dans certaines résidences, les charges de commissaire-priseur sont entièrement syndiquées, en ce sens que tous les produits tombent en commun, et sont partagés par parts égales entre tous les titulaires. Ceux-ci sont tour à tour chargés de la gestion.

Les commissaires-priseurs sont assujettis à tenir un répertoire sur lequel ils inscrivent au jour le jour les opérations par eux faites, répertoire préalablement visé, coté et paraphé par le président du tribunal, et arrêté tous les trois mois par le receveur de l'enregistrement.

Certains objets ne peuvent être mis par eux en vente qu'après avoir avisé l'autorité compétente.

Dans tous les cas, les commissaires-priseurs sont responsables vis-à-vis du vendeur du prix de l'adjudication, et, vis-à-vis de l'adjudicataire, de la livraison de l'objet qui lui a été adjugé.

Les commissaires-priseurs ne peuvent, à peine de destitution, exercer la profession de marchands de meubles, ni s'associer dans un commerce de ce genre.

Les charges de commissaires-priseurs sont, après les greffes, celles qui sont les plus recherchées. Elles se cèdent à raison de huit fois environ le produit brut; les charges syndiquées sont souvent cédées à raison de dix fois le produit, et même au-dessus.

Ces charges constituent, comme les greffes un débouché intéressant pour les jeunes gens n'ayant fait ni études, ni stage spécial. Toutefois, et comme les greffes, elles exigent une mise de fonds assez considérable, et un versement comptant d'au moins 50 % du prix.

VIII. — Charges d'agent de change.

Les agents de change sont des officiers ministériels dont la principale fonction est de négocier des valeurs mobilières pour le compte des tiers, et d'en constater le cours.

Les fonctions d'agent de change sont régies par les articles 74 à 76, 81, 83 à 90, du Code de commerce, modifié en partie par les lois des 2 juillet 1862, 2 juillet 1885 et 28 mars 1885; et par les Décrets des 1er octobre 1862, 7 octobre 1890, et 29 juin 1898.

Pour être agent de change il faut :

1° Etre Français;

2° Avoir 25 ans accomplis;

3° Jouir de ses droits civils, et avoir satisfait aux lois sur le recrutement;

4° Avoir travaillé pendant quatre ans au moins chez un agent de change, dans une maison de banque ou de commerce, ou chez un notaire.

Les agents de change n'entrent en fonctions qu'après avoir versé un cautionnement, et prêté serment devant le tribunal de commerce, ou, à défaut, devant le tribunal civil.

Les agents de change auprès des Bourses pourvues d'un parquet, peuvent s'adjoindre des bailleurs de fonds intéressés, participant aux bénéfices et aux pertes réalisées par l'office, et admis à s'en répartir la valeur en cas de cession.

Toutefois, le titulaire de la charge doit toujours être propriétaire en son nom personnel du quart au moins de la somme représentant le prix de l'office et le montant du cautionnement, et les actes intervenus entre lui et les bailleurs de fonds sont soumis à l'approbation de la Chambre syndicale, et communiqués au Ministre des Finances. Il en est de même de toute modification apportée à ces conventions. Les bailleurs de fonds ne sont tenus des pertes qu'à concurrence de leur apport.

Les agents de change peuvent, à des degrés divers, se faire aider dans leurs fonctions par des fondés de pouvoir ou des commis principaux.

Les agents de change ont seuls le droit de procéder à la négociation en leur nom propre, et pour le compte d'autrui, des valeurs mobilières admises à la cote de la Bourse. Cette admission à la cote est prononcée d'une façon souveraine par la Chambre syndicale, qui peut, à son gré, accorder ou refuser cette admission — sauf pour les valeurs d'Etat français, pour lesquelles cette admission est de droit.

Toute négociation faite en violation de ce privilège, est frappée d'une nullité radicale, et expose celui qui l'a faite à des poursuites correctionnelles.

C'est de même aux agents de change qu'il appartient de fixer officiellement le cours du change des valeurs, métal et papier, cotées à la Bourse.

Introuvables à Paris, les charges d'agent de change se rencontrent quelquefois en province. Très avantageuses pour les personnes rompues aux affaires de Bourse, elles atteignent des prix extrêmement variables suivant leur résidence et leur situation.

Les parts d'associés d'agent de change, ou bailleurs de fonds, qu'elles soient ou non doublées d'un emploi dans la charge, sont de même, à Paris surtout, d'une rareté excessive, en même temps que très recherchées Elles nécessitent d'ailleurs, en général, la disposition de capitaux importants, et n'offrent qu'un revenu souvent assez faible.

IX. — Charges de courtiers maritimes et de courtiers d'assurances maritimes.

Ces deux catégories de courtiers sont des officiers ministériels, nommés comme les autres, par décret du

Président de la République, mais sur la proposition, non du Garde des sceaux, mais du Ministre du commerce.

Pour être nommé courtier il faut :

1° Etre citoyen français;

2° Justifier de son aptitude à en remplir les fonctions par devant la Chambre syndicale.

Avant d'entrer en fonctions, le courtier doit verser un cautionnement.

Les courtiers d'assurances maritimes ont pour principale fonction de faire le courtage des assurances maritimes, c'est-à-dire de mettre en rapports l'assuré et l'assureur. Ils rédigent en même temps, (mais peuvent en ceci être suppléés par les notaires), les polices d'assurances. Ils ont en outre pour mission de certifier le taux des primes, c'est-à-dire en quelque sorte leur cours, pour tous voyages maritimes ou fluviaux.

Les courtiers maritimes, eux, sont chargés du courtage des affrètements, c'est-à-dire de la location des navires, en tout ou en partie. Ils ont seuls, en cas de contestation portée devant les tribunaux, le droit de traduire les contrats (déclarations, chartes parties, connaissements, etc.) et tous actes de commerce dont la traduction serait nécessaire.

Ils ont de plus, dans les mêmes conditions, et pour le service des douanes, ainsi que pour le service des autres administrations, seuls qualité pour servir d'interprête à tous étrangers, maîtres de navires marchands, équipages de vaisseaux, en un mot à toutes personnes de mer. De même ils ont à intervenir pour la vente des navires.

Le fait par un tiers d'exercer les fonctions réservées aux courtiers maritimes ou d'assurances maritimes, constitue un délit qui rend ce tiers passible de poursuites correctionnelles.

Les courtiers maritimes ou d'assurances maritimes ne peuvent faire pour leur compte des opérations de commerce, ni s'intéresser dans aucune entreprise commerciale.

Ces sortes de charges, d'un prix assez variable, ne sont à recommander qu'aux personnes disposant de connaissances commerciales sérieuses et très au courant des choses maritimes. Pour les courtiers maritimes particulièrement, la connaissance d'au moins une langue étrangère est absolument indispensable.

Ces charges sont extrêmement rares.

X. — Courtiers de marchandises.

Cette catégorie comprend deux classes bien distinctes : les courtiers inscrits ou assermentés, et les courtiers libres.

A. — Courtiers inscrits.

Les courtiers inscrits sont choisis par le tribunal de commerce, ou à défaut de tribunal de commerce, par le tribunal civil.

Nul ne peut être admis à ces fonctions s'il ne justifie d'un certificat de moralité délivré par le maire, et de la capacité professionnelle par l'attestation de cinq commerçants de la place. Ils doivent jouir des droits de citoyen français, et aucun failli ou liquidé judiciairement ne peut y figurer, à moins qu'il n'ait été réhabilité. Le courtier inscrit, prête, dans la huitaine de sa nomination, serment devant le tribunal de commerce.

Les courtiers inscrits ont pour principale fonction de servir d'intermédiaires à d'autres commerçants, à l'effet de permettre à ces derniers, de conclure entre eux des opérations.

En outre, ils peuvent être chargés dans certains cas de procéder aux ventes publiques de marchandises; ils peuvent également être requis pour l'estimation des marchandises déposées dans un magasin général; enfin, dans les villes où existe une bourse de commerce, ils constatent, concurremment avec un certain nombre de courtiers libres qui leur sont adjoints, ainsi que des négociants de la place, le cours des marchandises.

B. — Courtiers libres. —

Les courtiers libres sont, comme les courtiers inscrits, destinés à servir d'intermédiaires entre négociants, pour les transactions que ces derniers ont à conclure. Ce ne sont que de simples commerçants qui ne sont tenus de remplir, pour l'exercice de leur profession, que les conditions exigées par la loi de tout commerçant.

Tout courtier, libre ou inscrit, ne peut se charger d'une opération quelconque de courtage dans une affaire où il a un intérêt personnel, sans en prévenir les personnes auxquelles il sert d'intermédiaire, à peine d'amende et de radiation.

Il est de même interdit à un courtier inscrit chargé de procéder à l'estimation de marchandises ou à leur vente, de se rendre acquéreur pour son compte de ces marchandises, à peine de radiation.

XI. — Mandataires aux Halles centrales de Paris

Pour en terminer avec cette première partie de l'étude que nous avons entreprise, il est nécessaire de dire quelques mots des mandataires aux Halles centrales de Paris.

Leur situation est réglée par la loi du 11 juin 1896 et le décret du 23 avril 1897, modifié par les décrets des 27 juillet 1898 et 25 janvier 1904.

Les Halles centrales de Paris constituent un marché de première main, à la criée ou à l'amiable, des denrées alimentaires de gros et de demi-gros, et c'est aux mandataires, connus avant la loi de 1896 sous le nom de facteurs aux Halles, qu'appartient le droit de procéder à la vente de ces denrées. Le mandataire aux Halles est, en un mot, l'intermédiaire obligé entre le producteur ou l'expéditeur qui envoie sur le marché de Paris les denrées dont il dispose, et les consommateurs.

C'est un véritable commissaire-priseur, qui vend, aux frais et risques de l'expéditeur, les marchandises qui lui sont adressées par ce dernier, moyennant une rémunération calculée à raison d'un tant pour cent variable, sur le prix des marchandises vendues par lui.

Toute personne peut être mandataire pourvu qu'elle satisfasse aux conditions suivantes :

1° Etre de nationalité française et jouir de ses droits civils.

2° N'avoir subi aucune condamnation pénale ou disciplinaire, portant atteinte à son honorabilité;

3° Justifier de la concession d'un poste par la Ville de Paris, et du versement à la caisse municipale d'un cautionnement égal au montant des droits d'abri payés par le poste pendant l'exercice précédent, sans que ce cautionnement puisse être inférieur à cinq mille francs. (Le cautionnement peut être déposé soit en espèces, soit en valeurs de l'Etat ou de la Ville de Paris).

C'est en raison de cette dernière obligation (justification de la concession d'un poste) que les charges de mandataires aux Halles constituent un véritable monopole. En effet : tous les postes sont, dès à présent, concédés; un nouveau titulaire ne peut être agréé qu'autant qu'un de ceux qui sont en exercice, consente à démissionner en sa faveur.

En fait, c'est à proprement parler, un véritable droit de présentation qui est ainsi accordé soit au titulaire, soit à ses ayant-droit, à l'égard de son successeur.

L'aspirant à une charge de mandataire doit :

1° Faire une demande d'inscription au greffe du tribunal de commerce. Il est donné à l'impétrant récépissé de cette demande, et, lorsqu'elle est accueillie, le greffier en chef du tribunal de commerce en délivre certificat mentionnant la date et le numéro d'ordre de l'inscription;

2° Se pourvoir auprès du Préfet de la Seine pour confirmer la possession du poste dont le titulaire à démissionné en sa faveur, et verser son cautionnement;

3° Produire au Préfet de Police, chargé de l'agréer définitivement;

a) La justification que les formalités ci-dessus ont été accomplies;

b) Les pièces établissant qu'il est de nationalité française;

c) L'extrait de son casier judiciaire.

Les mandataires aux Halles sont, comme nous l'avons vu, chargés de vendre, à ce qu'on appelle assez improprement la criée, plus exactement au cours du jour, les marchandises qui leur sont expédiées.

A cet effet, les denrées sont amenées par les gares jusqu'aux Halles où elles sont déchargées et transportées au poste qui en est destinataire, par les forts des Halles (1).

Le mandataire prend possession de sa marchandise à l'ouverture officielle du marché, annoncée à son de cloche; il assiste en personne à leur vente, qui dure jusqu'à la fermeture du marché annoncée de même manière.

Toutefois, dans les charges où il y a plusieurs associés, la présence d'un seul d'entre eux suffit. De plus, en cas d'absence ou d'empêchement, le mandataire peut se faire suppléer par un de ses confrères.

La fonction du mandataire est d'ailleurs surtout de surveillance. Le travail matériel est presque toujours effectué par des gens du métier (crieurs, soultiers, caissiers, etc.). Les ventes ont lieu, suivant les pavillons, de six heures du matin à dix heures ou de neuf à onze heures.

Les ventes ont lieu aux risques et périls des expéditeurs, sans responsabilité aucune pour le mandataire, soit au cas où la baisse des cours n'aurait permis d'obtenir qu'un prix insuffisant, soit même lorsque la marchandise n'aurait pu trouver acquéreur. Dans ce cas, lorsqu'il s'agit de denrées dont la conservation est impossible, elles sont détruites sous la surveillance du commissariat spécial, qui délivre un certificat de cette opération au mandataire pour le couvrir vis-à-vis de son client.

Le mandataire est rémunéré par une commission

1. Les forts de la Halle ont pour mission de procéder, sous la surveillance des inspecteurs principaux, à la manutention des marchandises et à leur livraison, soit aux acquéreurs, soit aux porteurs ou gardeurs désignés par eux. Ils sont responsables des marchandises qu'ils sont chargés de livrer ou de garder. Leur concours est obligatoire.

calculée à tant pour cent du prix des marchandises vendues. Théoriquement, cette commission est fixée de gré à gré entre le mandataire et ses expéditeurs; en pratique, le taux de la commission est arrêté dans chaque pavillon suivant la nature de la marchandise, et ce d'une façon invariable.

Chaque mandataire, pour l'emplacement qui lui est concédé dans les pavillons des Halles par la Ville de Paris, paie à celle-ci une redevance appelée droit d'abri. Ce droit est fixé proportionnellement au poids des marchandises reçues pendant chaque exercice.

Pour le contrôle, les mandataires sont tenus d'avoir un livre à souche, muni de deux volants. Chaque vente de marchandises effectuée doit-être mentionnée sur la souche de ce carnet et sur les deux volants. L'un de ceux-ci, remis aux forts, accompagne le lot jusqu'à sa sortie du pavillon et est remis à l'inspecteur principal; le second, destiné à l'expéditeur, énonce le prix de la vente, les frais tarifés, et le montant de la commission en y comprenant tous les frais accessoires; enfin la souche mentionne le numéro du livre, la date et le numéro de la vente, le nom de l'expéditeur, la nature de la marchandise, le poids ou le nombre de pièces comprises dans le lot, le mode et le prix de vente, enfin le nom de l'acheteur.

Chaque mandataire doit tenir un registre, dit Italien, coté et paraphé, sur lequel sont totalisées au jour le jour, les opérations effectuées pour le compte de chaque expéditeur.

Muni des volants qui lui sont remis, l'inspecteur principal ou ses agents se présente périodiquement chez le mandataire pour s'assurer que les énonciations de son livre sont bien conformes à celles figurant sur les volonts.

Sauf conventions contraires, les mandataires sont tenus d'adresser à leurs expéditeurs, le jour même, avec les volants collationnés et certifiés,relatifs aux ventes de leurs produits, le montant de cette vente, après prélèvement par eux :

1e Des frais tarifés : chemins de fer, camionnage, droits de douane et d'octroi, droit d'abri, poids public, télégrammes et frais de correspondance, salaire des frais des forts, décharge, mise en vente et garde, etc.

2° Du montant de leur commission.

Il est interdit aux mandataires d'acquérir pour leur propre compte, des denrées qu'ils sont chargés de vendre ou des denrées similaires, et, d'une manière générale d'en faire le commerce directement ou indirectement, même par personne interposée et en dehors des Halles ; de posséder à Paris, en province ou à l'étranger, aucun magasin ou entrepôt.

En cas de manquement à leurs devoirs professionnels, les mandataires peuvent encourir les peines de l'avertissement, de la suspension pour un mois au plus, de la radiation définitive; les deux premières peines prononcées soit par le préfet de la Seine, soit par le Préfet de police, la dernière, sur leur proposition, par le Ministre de l'Intérieur.

Le mandataire qui a, soit faussé ou tenté de fausser les enchères, soit proclamé ou tenté de proclamer un cours supposé, soit altéré le prix de vente ou le montant des frais sur ses livres, carnets ou volants, est passible des peines portées à l'article 406 du Code pénal.

Les fonctions de mandataires aux Halles, fonctions surtout de surveillance, peuvent être facilement exercées : quelques semaines de mise au courant suffisent pour l'apprentissage. Ils n'ont aucune manutention ou manipulation de marchandises à effecteur.

La vente se faisant au comptant, aux risques et périls des expéditeurs, et tous débours à la charge de ces derniers, les mandataires n'ont à redouter ni aléas, ni responsabilité; le travail aux Halles, d'habitude terminé avant midi, leur laisse une large liberté.

Enfin, pour l'appréciation du produit de ces charges, l'acquéreur trouve des garanties appréciables dans la comptabilité, qui, comme nous l'avons vu ci-dessus, est étroitement contrôlée par le commissariat spécial des Halles.

Les charges de mandataires aux Halles, atteignent des prix variables suivant les pavillons: prix qui sont de cinq à sept fois le produit net; l'usage est d'en payer une grande partie comptant.

Ces charges, malgré leur prix assez élevé, sont toujours recherchées par les personnes qui, hésitant à traiter d'une situation libre, tiennent aux postes officiels, ou jouissant d'un monopole.

Toutefois, en raison de circonstances que nous ne pouvons exposer ici, nous inviterons instamment nos lecteurs **à ne pas s'engager avant d'en avoir conféré avec nous,** et de n'accepter qu'avec la plus grande réserve, et après une enquête approfondie, les soi-disant « occasions » qu'on pourrait leur présenter dans cet ordre d'idées.

CHAPITRE II

I. — Généralités.

Nous avons terminé, avec le chapitre précédent l'examen des situations ayant un caractère officiel ou privilégié.

Il nous reste maintenant à dire quelques mots des situations libres, c'est-à-dire n'ayant aucune attache officielle, et accessibles à tous.

La catégorie la plus importante de cette série, celle du moins qui est de nature à intéresser plus particulièrement nos lecteurs comprend les cabinets ou agences d'affaires. Nous aurons en outre à dire quelques mots des situations dans les assurances, qui forment une classe un peu à part, ainsi que des situations industrielles ou commerciales.

Les positions qui font l'objet de cette partie de notre étude, n'offrent un véritable intérêt que dans les grandes villes, à Paris principalement et dans sa banlieue, et c'est à ces dernières que nous bornerons notre examen.

On se rend difficilement compte, lorsqu'on n'a pas eu l'occasion d'étudier de près le monde des affaires parisien, du rôle essentiel que jouent à Paris les intermédiaires de toutes sortes, et de l'impérieuse nécessité qui les ont imposés.

Et là même où la loi et les usages ont constitué une classe de mandataires privilégiés : avoués, notaires, agréés, les exigences de la situation ont provoqué la naissance de toute une catégorie de mandataires officieux, travaillant concurremment avec eux.

Comment d'ailleurs en serait-il autrement?

En province, en effet, à la campagne, ou dans les petites villes, l'officier ministériel, nullement surmené par sa profession, dispose toujours du loisir nécessaire pour étudier lui-même et à fond les affaires qui lui sont confiées, recevoir ses clients, leur donner ses conseils. Sa porte leur est toujours ouverte et son concours toujours acquis. S'agit-il même de démarches quelque peu étrangères à l'exercice de sa profession, il n'hésite pas à s'en charger.

A Paris, la situation est tout autre.

Non seulement, déjà surchargé par ses occupations officielles, l'officier ministériel ne peut s'occuper d'affaires étrangères à son ministère, mais encore n'est-ce que grâce à un travail assidu qu'il arrive à grand peine à suivre ses dossiers.

Aussi comprend-on qu'il ne faille pas songer à s'adresser à lui pour toute affaires sortant tant soit peu du cadre de ses fonctions.

Un exemple fera mieux comprendre cette situation.

Au Tribunal de commerce de la Seine sont attachés 15 agréés. Or, le nombre des affaires « jugées » dépasse tous les ans 60.000. Si on y ajoute les affaires transigées avant jugement, mais néanmoins inscrites au rôle; les quelque 2.000 faillites ou liquidations judiciaires à régler annuellement, on voit, qu'il serait, pour les agréés absolument impossible d'arriver à suffire à la tâche, s'il ne s'était établi, à côté d'eux, des mandataires libres.

Nous reviendrons d'ailleurs sur tout ceci, plus en détail.

Avant d'en arriver à l'examen plus approfondi des différentes situations qui feront l'objet de ce chapitre, il faut, et nous ne saurions trop y insister, revenir sur une observation que nous avions déjà placée au seuil même de cette étude. Il faut que nos lecteurs se persuadent bien qu'il est impossible d'arriver, soit comme officier ministériel, soit comme homme d'affaires, sans un travail suivi.

Nous ne saurions trop les mettre en garde contre les soi-disant positions « administratives », qu'on leur donne comme pouvant rapporter, sans travail ou presque, de merveilleux bénéfices. Il faut qu'ils se rendent compte qu'en acquérant une affaire, ils achètent surtout un outil, et que le succès dépendra avant tout de l'usage qu'ils sauront en faire.

Il faut aussi qu'ils sachent bien qu'en cette matière, comme en toute autre, on n'en a, suivant l'expression vulgaire, que pour son argent, et qu'à vouloir faire une tróp bonne affaire, ils risquent gros.

Aussi, nous ne saurions trop conseiller à nos lecteurs de se tenir en garde contre les soi-disant occasions qu'on fait miroiter à leurs yeux. Et le plus sûr pour eux est de ne s'adresser, pour la recherche d'une situation, qu'à un intermédiaire connu, sérieux, et bien réputé.

Trop souvent aussi, des gens inexpérimentés ou insouciants, mettent leur insuccès sur le compte de la valeur de l'affaire, alors qu'ils ne devraient s'en prendre qu'à leur incompétence, ou à leur indolence.

Il faut bien se persuader que, sauf les exceptions que nous signalerons au passage, l'agence d'affaires n'est à conseiller qu'à l'homme d'affaires expérimenté, actif et au courant de son métier.

Toutefois, dans bien des cas, une combinaison avantageuse peut se présenter ; nous voulons parler de l'association, si fréquente dans ce genre de situation.

On n'aime guère à Paris, et avec raison, recourir, sauf pour les besognes secondaires, à un employé, et ce pour de multiples raisons que le cadre de cette étude ne nous permet pas de développer mais dont la moindre est de livrer l'organisation de la maison et le nom des clients à cet employé qui pourra le cas échéant essayer de s'en servir pour se constituer une clientèle et concurrencer son ancien patron.

Les titulaires d'affaires sérieuses préfèrent donc avoir

recours à une personne qui soit un autre « soi-même », qui ait dans l'affaire les mêmes intérêts, et puisse avoir pour elle les mêmes soins que l'intéressé lui-même, à un associé, en un mot.

Et l'association constitue un débouché précieux soit pour ceux que leur inexpérience n'a pas mis à même de pouvoir prendre d'emblée la direction d'une affaire, soit pour ceux qui manquent de confiance en leurs propres moyens. L'assistance et les conseils d'un associé expérimenté les met en effet à même d'acquérir sans risques et peu à peu les connaissances nécessaires, pour le moment où il leur sera possible de s'installer à leur propre compte.

Ces sortes de situations en général, jouissent d'ailleurs, à Paris, d'une réputation excellente, et d'une honorabilité incontestée. Elles constituent, pour l'homme d'affaires actif et expérimenté, un débouché des plus intéressants, car, à la différence des offices, dans lesquels le titulaire se trouve trop souvent lié par des règlements plus ou moins stricts, elles offrent à ceux qui les détiennent un champ d'action pour ainsi dire illimité; et par la publicité, par les relations, etc., peuvent prendre une extension qui n'a de bornes que l'activité et les forces du titulaire lui-même. Encore comme nous venons de le voir, l'assistance d'un ou de plusieurs associé lui permet-elle d'accroître ses moyens d'action au fur et à mesure de l'extension de ses affaires.

II. — Avocats consultants. — Contentieux.

Cette catégorie constitue l'une des plus importantes de celles que nous allons avoir à passer en revue.

Les avocats consultants et les cabinets de contentieux ont, dans leur spécialité, tout ce qui touche à la procédure, soit en matière civile, soit en matière commerciale. Leur rôle est à peu près identique.

Toutefois, l'avocat consultant généralement licencié ou docteur en droit, souvent ancien avoué ou ancien avocat, a plus particulièrement dans ses attributions les affaires d'une certaine envergure, rentrant dans la compétence des tribunaux civils ou de commerce, ou même de la Cour d'appel.

Les cabinets de contentieux, par contre, presque toujours aux mains d'anciens huissiers, tout en s'occupant, eux aussi, de ce genre d'opérations, sont plus généralement spécialisés dans les recouvrements de créances, à forfait ou autrement, et dans les représentations devant les justices de paix.

Le cercle d'action de cette catégorie d'affaires est extrêmement étendu.

Le tribunal de commerce constitue une de leurs principales ressources. Comme nous l'avons déjà dit, les quinze agréés qui desservent le tribunal de Commerce de Paris, avec le nombre considérable d'affaires qui sont solutionnées chaque année, sont absolument hors d'état de suffire à la besogne.

Tenus presque toute la journée à l'audience, appelés en outre à assister aux délibérés et aux arbitrages, qui sont de règle en matière commerciale à Paris, obligés de consacrer une part importante de leur temps à la réception des clients, ce n'est que grâce à un travail acharné que le titulaire d'une telle charge peut arriver à suffire à sa besogne.

Et encore, n'est-ce que grâce au concours d'un véritable état-major de secrétaires ou élèves, rompus aux affaires et à la préparation des dossiers. Et la représentation devant les tribunaux de commerce étant libre, on conçoit que les hommes d'affaires parisiens aient trouvé là un débouché facile et des plus intéressants.

De même en justice de paix, le justiciable n'ayant à sa disposition pour le représenter devant le tribunal aucun intermédiaire officiel, est contraint de recourir à un intermédiaire officieux pour y défendre ses intérêts.

Bien plus, le rôle de l'intermédiaire a une importance considérable dans les litiges qui ressortent de la compétence des tribunaux civils ou des Cours d'appel, en dépit du ministère obligatoire des avoués.

En effet, à Paris, où les frais de justice sont particulièrement élevés, le particulier comme le commerçant, hésite toujours à intenter un procès, et ne le fait en général, qu'après avoir épuisé tous les moyens d'entente amiable.

Aussi préfère-t-il, avant de se rendre chez l'officier ministériel qui, en définitive, aurait à occuper pour lui, à aller trouver un homme d'affaire qui pourra, ce que l'avoué ne saurait faire, épuiser toutes les démarches auprès de l'adversaire pour éviter le procès. Et, si celui-ci devient inévitable, l'agent d'affaires se trouve tout naturellement chargé de la suite à donner au litige qu'il a déjà étudié et dégrossi.

Souvent aussi, au moment d'engager l'instance, le dossier n'est pas au complet : il y manque des éléments de preuve, une enquête préliminaire est indispnsable, et bien peu de clients sont outillés pour mener à bien une pareille besogne. L'agent d'affaires, lui, s'en chargera, et pourra ainsi porter chez l'avoué un dossier suivi et étudié, sur lequel la procédure pourra immédiatement s'engager.

D'autre part, le moindre procès à suivre nécessite de la part du client des démarches multiples, et de sérieuses pertes de temps. S'agit-il, par exemple, d'une demande en paiement? Il faudra avant tout se rendre chez l'huissier, chargé de signifier la sommation qui servira de préliminaires aux hostilités; porter ensuite l'affaire chez l'avoué, avec lequel plusieurs conférences seront nécessaires, voir enfin l'avocat chargé des plaidoiries. Soit autant de démarches, sans compter les heures passées à attendre dans les antichambres, toujours encombrées de clients.

Que l'affaire, après jugement, vienne devant la Cour, et tout est à recommencer.

La décision définitive une fois rendue, il faudra songer à l'exécuter : nouveaux pas, nouvelles démarches.

Aussi conçoit-on que, la plupart du temps, et surtout pour les maisons d'une certaine importance, ayant toujours en cours un certain nombre de procès, on préfère s'adresser à un intermédiaire qui, prenant charge de l'affaire dès son début, et au courant du dossier après un ou deux entretiens, la conduira jusqu'à son issue sans nouveau dérangement pour son client.

La plupart du temps même, les maisons de commerce d'une certaine importance se désintéressent entièrement de leurs recouvrements. Et, pour éviter toute perte de temps, dès qu'une difficulté quelconque vient à surgir pour le paiement de leurs créances, elles remettent à leur homme d'affaires le soin exclusif de s'en occuper, à ses risques et périls, moyennant une remise qui va généralement de 20 à 30 % et parfois davantage, sur les sommes qu'il aura à recouvrer.

L'avocat consultant ou le titulaire d'un cabinet de contentieux est, d'ailleurs, fréquemment sollicité de prendre à son compte le soin d'un procès, moyennant un forfait variable, suivant l'importance et la nature de l'affaire. C'est là une branche fort importante, et très rémunératrice.

On voit, par ce rapide exposé, combien considérable est le champ d'action qui s'offre à cette catégorie d'affaires, et quelles ressources peut y trouver un homme actif et au courant de la profession. Anciens avoués ou anciens principaux clercs d'avoués, anciens huissiers ou anciens principaux clercs d'huissiers trouveront, dans ces sortes de situations, un débouché extrêmement avantageux.

Les capitaux à y engager sont d'ailleurs minimes : il est d'usage, en effet, qu'un cabinet d'avocat consultant ou de contentieux se cède à raison de deux fois à deux fois et demie environ le produit annuel.

III. — Affaires notariales.

A. — **Généralités.** — Les agences d'affaires notariales sont extrêmement nombreuses à Paris, et, la plupart du temps, très importantes. Elles comportent un certain nombre de spécialités, dont presque toujours deux ou davantage sont réunies; mais, pour la clarté de notre exposé, nous étudierons chacune d'elles séparément.

Au point de vue général, l'importance et le nombre de ce genre de cabinets s'expliquent par cette tendance du public des grandes villes, et particulièrement du public parisien, tendance à laquelle nous avons déjà fait allusion plus haut, de ne s'adresser à un officier ministériel que lorsque le concours de ce dernier est absolument obligatoire. C'est un fait que nous devons nous contenter de signaler sans tenter de l'expliquer : qu'il soit dû à cette sorte de méfiance que professe souvent le gros public contre les personnes revêtues d'un caractère officiel, ou à la crainte de trouver en eux des auxiliaires un peu trop dévoués du fisc, ou bien encore à l'espoir de trouver en l'homme d'affaires un intermédiaire moins exigeant au point de vue de sa rémunération, peu importe.

Aussi bien est-il probable que chacune de ces causes joue un rôle plus ou moins important, et qu'elles concourent toutes pour une part à créer cette situation. Il faut d'ailleurs ajouter à cela cette considération sur laquelle nous avons déjà insisté, à savoir que le client trouve chez l'homme d'affaires un concours plus complet que chez l'officier ministériel.

Qu'il s'agisse, en effet, de la recherche de capitaux pour un prêt hypothécaire, de la recherche d'un acquéreur pour un immeuble à vendre, etc., le notaire, et surtout le notaire parisien, absorbé par des occupations plus importantes, n'a ni le temps, ni le loisir de faire des multiples démarches qui seraient nécessaires; et il est certain que le client trouvera chez l'homme d'affaires qui s'est fait de ces choses une spécialité, un concours autrement actif et autrement précieux.

Ces généralités exposées, nous allons passer en revue les différentes branches qui sont comprises dans cette catégorie.

B. — **Affaires notariales proprement dites.** — Sous cette rubrique, nous comprenons tout ce qui rentre plus particulièrement dans les fonctions notariales. Les agences d'affaires notariales ont, en effet, dans leurs attributions, tous les actes qui sont d'ordinaire de la compétence du notaire, mais pour lesquels le ministère de ce dernier n'est pas impérativement exigé par la loi.

Enumérons parmi ceux-ci : les actes ou conventions sous seings-privés de toute nature : baux, ventes, sociétés de toutes espèces, liquidations, partages, cessions de droits, comptes de tutelle, testaments olographes, ainsi que leurs accessoires : réception de fonds, arrangements, répartitions, vérifications, etc., etc.

Cette simple énumération montre combien rien que pour cette branche spéciale, le champ et les moyens d'action sont étendus.

C. — **Prêts hypothécaires et sur garanties diverses.** — Les intermédiaires qui travaillent cette spécialité ont à leur disposition un champ d'opérations des plus étendus. Prêts hypothécaires, sur titres, sur toutes autres garanties, avances sur successions, achats d'usufruits, de nues propriétés, de droits successifs, etc., etc., telles sont les principales opérations, rémunérées par une commission variable suivant l'importance ou la difficulté de l'affaire.

Comme on le conçoit, la clientèle des emprunteurs n'est pas malaisée à recruter, et soit par ses relations, soit par une publicité modérée, le directeur d'une telle maison n'a aucun mal à réunir des dossiers.

La grosse difficulté dans ce genre d'affaires, consiste à rechercher les prêteurs : rentiers, capitalistes, banquiers, etc., qui consentiront à effectuer de leurs deniers les opérations que leur proposera l'intermédiaire. Car, sauf de très rares exceptions, le titulaire d'un cabinet de prêts ne travaille jamais avec ses propres capitaux : d'abord, parce que, en raison des longues immobilisations auxquelles il faudrait se résoudre, il serait nécessaire d'avoir un énorme fonds de roulement, ensuite, parce qu'il lui serait très difficile, cantonné comme il l'est dans un genre assez restreint d'affaires, de suffisamment répartir ses risques pour ne courir aucun danger.

Le titulaire se borne donc à présenter à ses capitalistes, après examen, les affaires qu'il détient en portefeuille, et doit s'attacher à mériter leur confiance, en ne leur apportant que des affaires sérieuses et soigneusement étudiées.

Comme on le voit, la véritable valeur d'un tel cabinet consiste surtout dans la clientèle de capitalistes qui y est attachée, et c'est à ce point de vue surtout que les affaires de ce genre doivent être étudiées.

D. — **Vente et gérance d'immeubles.** — Les cabinets de gérance pure sont à Paris en voie de disparaition, et ce, pour des causes assez multiples. La diffusion de l'instruction d'une part, fait que nombre de propriétaires sont à même de gérer personnellement leurs immeubles et de trancher sans aide les menues difficultés qui peuvent se présenter, quitte à laisser au concierge, dont l'emploi s'est généralisé, les petites corvées quotidiennes dont il lui répugnerait de se charger.

D'autre part, le nombre des architectes s'est considérablement accru, et l'impossibilité où ces derniers se sont trouvés d'arriver, par la seule construction, à réaliser des bénéfices acceptables, les a tout naturellement amenés à chercher dans les gérances un débouché complémentaire. Et cette concurrence a de suite été d'autant plus efficace, que, trouvant déjà dans les travaux d'entretien une rémunération appréciable, ils ont pu, en ce qui concerne les honoraires de gérance proprement dits, faire les plus larges concessions.

Aussi, en dehors de quelques très rares et très importants cabinets de gérance pure, dans lesquels d'ailleurs aucune place n'est jamais à prendre, ce genre de situation est-il devenu à Paris absolument introuvable. Et les gérances ne se rencontrent plus que comme l'accessoire plus ou moins important des cabinets de vente d'immeubles, qu'il nous reste maintenant à examiner.

La baisse continuelle et persistante des revenus de fonds d'Etat, et généralement de toutes les valeurs dites de tout repos, fait que les placements sur prêts hypothécaires, dont s'occupent les maisons dont nous avons étudié le fonctionnement dans le paragraphe précédent, soit en première, soit en deuxième ligne, de même que les placements en achat d'immeubles, sont particulièrement et de plus en plus recherchés.

D'autant qu'à Paris la situation est à cet égard particulièrement favorable. Les risques sur placements immobiliers y sont, en effet, à peu près nuls, la propriété immobilière y conserve toujours sa valeur, elle est d'une gestion relativement facile et il est assez aisé d'y trouver des placements immobiliers présentant à échéance plus ou moins longue des chances à peu près certaines de plus-value.

Aussi les maisons qui s'occupent de ventes d'immeubles sont-elles généralement très prospères.

Comme pour les raisons que nous avons données plus haut et sur lesquelles nous ne reviendrons pas, les notaires à Paris ne peuvent s'occuper de placements qu'à titre tout à fait exceptionnel, si même il leur arrive de s'en occuper, la création de maisons de ventes d'immeubles s'imposait à tous les points de vue.

En effet, le propriétaire désireux de vendre son immeuble, pas plus que le capitaliste à la recherche d'un placement immobilier, ne peuvent ni l'un ni l'autre chercher utilement par eux-mêmes une contre-partie : ils y dépenseraient l'un et l'autre un temps et des frais considérables et sans chances peut-être d'aboutir. L'intermédiaire, au contraire, spécialement outillé pour cette besogne est, lui, en état de leur procurer satisfaction, aux conditions les plus avantageuses.

Le premier soin du titulaire d'une maison de ventes d'immeubles est de se constituer un répertoire de maisons à vendre et de le tenir constamment à jour. Pour cela, il s'adresse soit à une maison de courtage, dont les employés visitent régulièrement les propriétaires d'immeubles, et recueillent les ordres de vente, soit à des courtiers ou employés qui remplissent le même emploi, et sont spécialement attachés à la maison. D'ailleurs, lorsque la maison est bien connue, nombre de propriétaires s'y rendent directement.

Une fois dressée la liste des immeubles à vendre, il faut procéder à leur vérification, c'est-à-dire s'assurer que l'immeuble se présente dans des conditions qui en rendent la vente possible; qu'il est, relativement au prix demandé, d'un rapport suffisant, et dans un état d'entretien satisfaisant; que le propriétaire n'a pas des exigences trop excessives, etc. Enfin, on fait signer au vendeur le bon de commission d'usage, variant, suivant l'importance de l'affaire, de 2 à 5 % du prix.

Quant aux acquéreurs, ils viennent souvent d'eux-mêmes, sur la réputation de la maison ou sur la recommandation d'un ancien client, ou amenés par la publicité. Ces maisons sont, à Paris, des plus florissantes, en raison du nombre et de l'importance des affaires qui y sont traitées.

E. — Ventes et locations d'immeubles.

Presque toutes les agglomérations de la banlieue de Paris comportent des maisons de ce genre, mais dont le genre de travail est quelque peu différent. Outre la vente des immeubles : maisons, villas, terrains à bâtir, etc., ces cabinets s'occupent aussi de la recherche de locataires, soit à l'année, soit à la saison, occupations faciles et très rémunératrices, en raison du grand nombre de Parisiens qui recherchent le séjour de la banlieue soit à titre permanent, soit pour la durée des beaux jours. Dans ces agences de locations et ventes d'immeubles, on rencontre souvent un peu de gérances et nombre de branches accessoires telles surtout que les assurances.

Sauf ces dernières, et les agences de ventes et gérances d'immeubles, qui ne demandent que peu ou point de connaissances spéciales, en dehors d'une routine facile à acquérir, les cabinets que nous venons d'étudier ci-dessus conviennent surtout aux anciens notaires ou anciens clercs de notaires, ou aux personnes ayant quelques notions sommaires de notariat.

IV. — Transmission d'offices ministériels.

Les cabinets de transmission d'offices ministériels figurent parmi les plus recherchées dans la catégorie des situations qui font l'objet du présent chapitre. Faciles à diriger, tout au moins pour quelqu'un tant soit peu au courant de ces sortes de situations, traitant les affaires avec une clientèle choisie et de relations particulièrement agréables, ils se distinguent nettement de toutes les situations similaires.

Nos lecteurs nous pardonneront d'entrer à ce sujet dans quelques détails un peu circonstanciés, puisque aussi bien ce sujet est de nature à les intéresser, directement ou indirectement, d'une façon plus spéciale.

Nous ne parlons ici, bien entendu, que des cabinets de transmission d'offices véritablement sérieux, c'est-à-dire de ceux qui s'occupent effectivement et consciencieusement de ce genre d'opérations, et non de ceux, trop nombreux, qui ne prennent ce titre que comme une façade destinée à inspirer confiance à leurs clients, et à masquer un genre d'opérations absolument différent. Aussi recommandons-nous à tous nos lecteurs, et particulièrement à MM. les officiers ministériels, qui ont plus que tous autres intérêt à ne pas voir leurs études indiquées à tort et à travers, de ne s'adresser qu'aux cabinets que leur ancienneté et leur réputation recommandent à leur confiance.

C'est une véritable nécessité qui a provoqué la création des cabinets de transmission d'offices ministériels.

Si, en effet, il y a quelques dizaines d'années, lorsque les situations libérales étaient moins recherchées qu'aujourd'hui, et les communications longues et difficiles, les candidats s'attachaient à trouver et trouvaient aisément dans leur pays d'origine ou ses environs immédiats une situation à leur convenance, il n'en est plus de même à l'heure actuelle. Tout d'abord, l'empressement des jeunes gens à embrasser une carrière libérale, a provoqué un afflux de demandes tel qu'il est aujourd'hui très difficile, sinon impossible à un candidat de trouver à se caser dans un rayon tant soit peu restreint. D'autre part, la facilité actuelle des communications fait que l'éloignement ne constitue plus qu'un obstacle pour ainsi dire négligeable, et auquel on est loin d'attacher la même importance qu'autrefois.

Aussi n'est-il pas rare de voir des candidats étendre leurs recherches à tout le territoire d'une et même de plusieurs Cours d'appel. D'ailleurs, pour certaines fonctions très demandées, et partant très rares, telles que les greffes, cette extension est presque obligatoire. On comprend que, dans ces conditions, il ne soit plus possible pour un acquéreur de se contenter de chercher dans le cercle de ses relations et que l'intervention de l'intermédiaire s'impose.

Aussi bien, pour les titulaires d'offices eux-mêmes, le rôle de l'intermédiaire est-il des plus précieux : grâce au nombre de candidats qui par ce canal peuvent leur être de suite adressés, ils ont toutes chances d'aboutir avec le plus de rapidité possible. D'autre part, un officier ministériel hésitera souvent à laisser soupçonner son intention de se retirer, dans le pays où il exerce : en s'adressant au cabinet de transmission d'offices, il lui est possible de n'engager de pourparlers qu'avec des candidats étrangers à sa région, et desquels il n'aura à craindre aucune indiscrétion dans son entourage.

L'objet que se proposent les maisons de transmission d'offices est double; il leur faut tout d'abord se constituer une liste d'études à céder, dans toutes les catégories, ce n'est, en effet, que grâce à un répertoire abondamment fourni qu'il leur est possible de donner satisfaction à leurs clients, étant donnée la variété des demandes qui leur sont chaque jour adressées.

D'autre part, il leur faut se faire connaître des candidats eux-mêmes et provoquer de leur part les demandes de renseignements. Ce double but est atteint par différents moyens : avant tout, l'ancienneté de la maison, sa réputation, son honorabilité, constituent à cet égard l'un des meilleurs et des plus sérieux éléments, celui tout au moins qui joue le plus grand rôle dans la prospérité d'une affaire de ce genre. En s'adressant, en effet, à une maison qui depuis des années a fait ses preuves, on est assuré de ne risquer nul mécompte.

Et si cette considération n'a pour l'acquéreur qu'une importance assez relative, elle en a, au contraire, une considérable pour l'officier ministériel, qui a le plus grand intérêt à ce que la maison à qui il a confié la cession de son étude ne s'en occupe qu'avec les plus grandes précautions, il n'en fasse pas l'indication à tort et à travers, comme il arrive trop souvent avec des maisons d'ordre secondaire, qui causent à leurs clients, en divulguant inconsidérément leur désir de céder, le plus grave préjudice.

En second lieu, pour la recherche de leurs clients, les maisons de transmission d'offices disposent de la publicité, soit au moyen de circulaires, soit, comme nous le faisons nous-mêmes, au moyen d'un journal adressé périodiquement à notre clientèle. Enfin, toute maison de transmission d'offices à peu près sérieusement installée dispose, un peu dans toutes les régions, de correspondants qui lui signalent les clients possibles.

Grâce à ces trois éléments combinés, voici donc un répertoire constitué; il nous reste à voir comment on en fait usage.

Une affaire arrive-t-elle à céder, elle est aussitôt cataloguée sur un registre **ad hoc** ou sur un jeu de fiches, et classée suivant la catégorie à laquelle elle appartient, avec tous les renseignements qu'il a été possible d'obtenir : produit, prix, mode de paiement, et particularités de toute espèce qui pourraient en faciliter la cession, et au sujet desquelles, au besoin, des précisions complémentaires sont demandées au cédant.

Il est procédé de même pour les demandes d'acquisition, après que le candidat a fait connaître les renseignements indispensables pour la suite à donner à sa demande, et notamment : le genre de situation qu'li désire rechercher, la ou les régions dans lesquelles il est dans l'intention de traiter, l'importance que devra avoir la charge qu'il demande, le prix qu'il veut y consacrer, le comptant dont il sera en mesure de disposer, etc., etc., et après aussi qu'il a consenti à souscrire aux conditions de commission d'usage, qui sont, d'ailleurs en cette matière des plus modérées. Ceci fait, le travail est des plus simples.

Le titulaire d'une étude annonce-t-il son désir de céder, il suffit de rechercher dans la liste des acquéreurs quels sont ceux qui demandent une charge similaire et de semblable importance, et qui peuvent y consacrer le prix demandé et le comptant exigé. On leur indique immédiatement la charge en question.

S'agit-il, au contraire, d'une demande d'acquisition, il suffit de chercher dans la liste des charges quelles sont celles qui correspondent aux énonciations de la demande, et d'en faire parvenir l'énumération au candidat.

L'important est, pour qu'une demande puisse recevoir rapidement et sûrement satisfaction, qu'elle soit rédigée d'une façon précise et nette, et contienne le plus de renseignements possible. Il est certain, en effet, que mieux l'intermédiaire est fixé sur ce que désire exactement le candidat, mieux il sera en mesure de choisir pour lui dans ses listes les affaires qui doivent lui convenir. D'ailleurs, petit à petit, le candidat faisant connaitre quelles sont les affaires qui ne sauraient lui convenir, et en donnant les raisons, sa demande se précise peu à peu, et le champ des investigations se restreint chaque jour davantage.

Aussi, l'une des premières recommandations à faire au candidat désireux d'aboutir, est de se tenir constamment en relation avec l'intermédiaire, et de ne manquer aucune occasion de lui préciser ses desiderata.

Le rôle de l'intermédiaire ne se borne d'ailleurs pas à cette besogne d'indicateur. Sa situation le met, en effet, à même d'intervenir, lorsqu'il en est besoin, entre les parties.

Chacun sait que dans les négociations qui précèdent l'achat d'une affaire, c'est toujours un moment difficile que celui où, après examen de l'affaire et de ses conditions, il ne reste plus qu'à débattre le prix. Et, c'est à ce moment que l'arbitrage de l'intermédiaire peut avoir la plus salutaire influence sur l'issue des pourparlers. Aussi ne saurait-on trop recommander à tous, cédants comme candidats, de toujours tenir leur mandataire au courant des pourparlers engagés, afin, s'il est nécessaire, de le mettre à même d'intervenir.

Outre la cession des offices ministériels de toute nature, études d'avoués, notaires, huissiers, greffes de Cours d'appel, de tribunaux civils, de tribunaux de commerce, de justices de paix, de simple police, charges de commissaires-priseurs, d'agréés, etc., la plupart des cabinets de transmission d'offices s'occupent aussi de la cession de cabinets ou agences d'affaires de toute nature, situations qui leur sont souvent demandées par leur clientèle.

Toutefois, en ce qui concerne ce genre de situations, le mode de procéder diffère quelque peu de ce que nous avons vu plus haut pour les offices ministériels. Pour ces derniers, le rôle de l'intermédiaire doit, par la force même des choses, se borner, ou à peu près, à celui d'un indicateur, sauf son intervention possible dans le cas où les parties peuvent la juger utile.

Il serait, en effet, absolument impossible à l'agent de transmission de se renseigner, d'une façon utile, sur les études qu'on le charge d'indiquer, et qui figurent par centaines à son répertoire.

Il doit en être autrement, pour une maison sérieuse, tout au moins, lorsqu'il s'agit de placer un de ses clients dans un cabinet ou une agence d'affaires, quelle qu'elle soit. Nous estimons qu'à cet égard, un agent honorable de transmission se doit à lui-même, et doit à ses clients, de ne présenter que des affaires préalablement étudiées avec le plus grand soin, et seulement lorsqu'il s'est personellement assuré qu'elles sont susceptibles de soutenir un consciencieux examen. Aussi avons-nous, en ce qui nous concerne, à peu près renonce à nous occuper des affaires de cette nature lorsqu'elles sont situées en province, à cause précisément de la difficulté où nous sommes de nous renseigner sur elles exactement.

En ce qui concerne ce genre spécial de situations sur Paris et sa banlieue, notre organisation nous permet d'être vite et très complètement renseignés sur leur valeur réelle, et de ne nous en occuper qu'alors seulement que nous sommes assurés que nos cients n'y auront aucune déception.

Aussi nos clients sont-ils certains de ne trouver chez nous que des affaires où ils n'auront nul mécompte, et qui leur donneront entière satisfaction. Et nous pouvons mettre à leur disposition — et c'est notre orgueil

— la liste de ceux de nos clients qui ont traité sur nos conseils et nos indications, ce qui, à notre avis, constitue la meilleure, en même temps que la plus rare des références qu'un intermédiaire puisse donner.

D'autre part, il est impossible de procéder pour ces situations comme on le fait pour les offices ministériels, c'est-à-dire par voie d'indications, et en laissant au candidat le soin de se mettre en rapport comme bon lui semble avec le titulaire.

Tout d'abord, la présentation d'une situation de cette nature comporte des explications détaillées, qui ne sauraient être données utilement par lettre; ensuite la variété qui s'y rencontre fait qu'on ne peut s'en rendre un compte exact que par un examen approfondi et sur place.

Ajoutons enfin qu'il nous est infiniment plus facile de savoir ce qui peut convenir à un candidat, et d'avoir chance de lui offrir des affaires qui lui aillent véritablement, lorsque nous avons pu nous entretenir avec lui et nous rendre compte tant de ce qu'il désire que de ses aptitudes. Aussi, tout candidat réellement soucieux d'étudier une affaire de cette nature, et voulant aboutir ne doit-il pas hésiter à faire le voyage de Paris pour examiner sur place ce que nous sommes en mesure de lui offrir.

Les cabinets de transmission d'offices sont extrêmement recherchés et toujours très rares. Les facilités que présente leur direction font qu'ils sont souvent demandés par d'anciens officiers ministériels, désireux de s'assurer une occupation lucrative en même temps que tranquille et sans aléas. Aussi se cèdent-ils à un taux supérieur à celui des autres cabinets, et leur valeur se calcule-t-elle, en général, à raison de quatre fois le produit net.

V. — Cessions commerciales et industrielles.

Cette catégorie comprend les maisons qui servent d'intermédiaires pour la cession des fonds de commerce de toute nature en même temps que des affaires industrielles. Ce genre de maisons est très florissant et très répandu à Paris, pour des causes identiques à celles que nous avons eu, au cours de cette étude, l'occasion de souligner à plusieurs reprises.

Dans ces sortes de situations, les titulaires sont généralement spécialisés dans un ou plusieurs genres assez bien délimités : hôtels, restaurants, cafés, marchands de vins, etc. De même ceux qui s'occupent d'affaires commerciales proprement dites ou d'affaires industrielles, englobent le plus souvent une ou deux professions, rarement davantage.

Le mécanisme de ces professions est très simple et réside toujours dans la double opération que nous avons déjà signalée, à savoir : constitution d'un répertoire de vendeurs au moyen de la publicité ou de courtiers spéciaux, ensuite, recherche de la clientèle d'acquéreurs, soit par relations, soit par la publicité.

Le rôle du titulaire se borne alors à mettre en rapports acquéreur et vendeur, et, lorsque les pourparlers se dessinent et lui paraissent avoir chance d'aboutir, à intervenir auprès de l'un ou de l'autre, parfois auprès des deux, pour provoquer les dernières concessions qui leur permettront de se mettre d'accord.

Le concours de l'intermédiaire est rémunéré par une commission qui, en ces matières, est toujours à la charge du vendeur, l'acquéreur n'ayant à sa charge que les frais de rédaction, d'enregistrement et de publication des actes de vente.

Comme on le voit, ces sortes d'affaires ne demandent aucune connaissance spéciale; une mise au courant de quelques semaines suffit généralement pour permettre de marcher. D'autre part, elles présentent cet autre avantage que, eu égard au chiffre des commissions, relativement élevé (généralement 5 o/o) un nombre restreint d'affaires traitées suffit à constituer en fin d'année un produit très raisonnable.

Enfin, le prix de ces sortes de situations est généralement peu élevé, et varie, en général, de une fois et demie à deux fois le produit.

VI. — Cabinets divers.

En dehors des principales catégories que nous venons d'examiner, il existe un grand nombre d'agences de toute nature, ayant un caractère plus spécial et étroitement localisées dans une branche bien définie. Parmi eux, on peut énumérer les cabinets de brevets d'invention, les cabinets de détaxes, soit de lettres de voitures, soit de contributions, les cabinets d'expropriation, les agences de renseignements, etc., etc. Mais, outre que leur examen nous entrainerait au-delà des limites que nous nous sommes fixées, ces sortes de situations nécessitent de la part de leur titulaire une connaissance très approfondie de la branche où il exerce. Aussi ne sont-ils à recommander qu'aux personnes ayant déjà la pratique de ce genre d'affaires.

VII. — Les Assurances.

Les assurances présentent trois genres de débouchés principaux :

1° Les fonctions officielles;
2° Les portefeuilles d'assurances;
3° Les courtages d'assurances.

A). — Les fonctions officielles.

Nous entendons par fonctions officielles celles des personnes qui sont directement attachées à la Compagnie et font, à proprement parler partie de son personnel : le poste d'inspecteur en constitue un des plus fréquents exemples.

Ces postes, généralement pourvus d'appointements fixes, augmentés ou non de remises variables sur la production de l'agent, sont des plus recherchés. Malheureusement, il n'y a à cet égard rien ou presque rien à faire dans les grandes Compagnies, où il n'est possible de pénétrer qu'en faisant preuve de capacités exceptionnelles ou grâce à d'influentes relations.

Il n'est guère possible de trouver, dans cet ordree d'idées de situation que dans des sociétés jeunes et encore à leurs débuts, qui, en échange d'un apport de capitaux plus ou moins considérable, consentent à allouer un poste à l'apporteur. Mais, il est bien certain que, dans ces conditions, il faut se résigner à courir les aléas inhérents à toute entreprise qui débute, en admettant, ce qui n'est pas toujours vrai, qu'elle soit sérieusement constituée.

Aussi ne nous étendrons-nous pas davantage sur ce genre de situations, que sauf de très rares exceptions nous déconseillerons toujours à nos clients.

B). — Les portefeuilles.

On ne saurait imaginer à quel point les portefeuilles d'assurances sont demandés; il est quantité de jeunes gens à la recherche d'une situation et d'officiers ministériels en quête d'une occupation après la cession de leur charge, qui y songent ou ont tenté d'aboutir dans cette partie.

C'est que les fonctions d'agent d'assurances, qui ne demandent d'autres connaissances spéciales qu'une routine, en somme facile à acquérir, et laissant une certaine indépendance dans le travail, figurent dans la catégorie des professions réputées sans aléa.

Ainsi que chacun sait, l'agent d'assurances, en province — car les portefeuilles proprement dits sont, sauf de rares exceptions, inconnus à Paris — est un représentant, un intermédiaire à la solde d'une seule Compagnie, tout au moins pour chaque branche, lequel est chargé, à la fois, de lui procurer de nouveaux clients et de veiller à l'encaissement des primes des polices précédemment souscrites ; il est rémunéré par une remise de « tant » pour cent sur les recouvrements et primes.

Malheureusement, il est beaucoup d'ombres au tableau.

Tout d'abord, les portefeuilles d'assurances sérieux à céder ne sont jamais nombreux et se payent très cher : leur cession est difficile, car les Compagnies — qui ne veulent pas connaître de traité — se montrent de la plus grande exigence dans le choix de leurs agents, en raison précisément du nombre considérable d'offres dont elles sont assiégées. D'autre part, la clientèle y est souvent très personnelle et risque, en cas de vente, surtout à un étranger, de disparaître en grande partie.

Mais il y a plus : le titulaire d'un portefeuille d'assurances peut toujours, et à un moment quelconque, être révoqué sans indemnité par la Compagnie. Laissons ici la parole à l'excellent répertoire de Dalloz, auquel nous faisons cet emprunt.

« La convention par laquelle une Compagnie d'as-
« surances s'attache un tiers, en qualité d'agent,
« moyennant certaines remises sur les primes souscri-
« tes par son intermédiaire, constitue un mandat sa-
« larié (C. civ., art. 1984). » C'est en ce sens qu'ont prononcé de nombreux arrêts, dont l'énumération serait beaucoup trop longue ; citons seulement : Req., 6 juillet 1885, Dal., 86-1-310 ; Req., 26 octobre 1891, Dal., 92-1-441 ; Civ. rej., 19 nov. 1889, Dal., 90-1-295 ; Civ. cass., 10 nov. 1891, Dal., 92-1-406.

Or, d'après l'article 2004 du Code civil, le mandant peut révoquer le mandat à son gré, sans motif et quand il le veut, ce mandat fût-il salarié ; et, en conséquence, l'agent n'a, en principe, aucun droit à une indemnité du seul fait de sa révocation. Pour lui donner un droit de ce genre, il faut une faute de la Compagnie, qui ait porté préjudice au préposé.

Tels sont les principes qui sont posés, en même temps, par la loi et par la jurisprudence et que sanctionnent de nombreux arrêts ; bornons-nous à reproduire le suivant : arrêt de la Chambre des requêtes du 9 juillet 1885. Dal., 86-1-310 :

« Attendu qu'aux termes de l'article 2004, Code ci-
« vil, dont la disposition s'applique au mandat salarié
« comme au mandat gratuit, le mandant peut révo-
« quer, quand bon lui semble, le mandat par lui donné ;

« Attendu qu'il peut, à la vérité, renoncer à ce droit
« ou en soumettre l'exercice à des conditions détermi-
« nées ; — qu'il ne pourrait non plus, même en l'ab-
« sence de toute stipulation de ce genre, en user d'une
« manière intempestive, qui causerait au mandataire
« un dommage injuste ; mais, qu'en dehors de ces deux
« cas, la révocation du mandat, quels qu'en soient les

« motifs, ne peut l'exposer à des dommages-intérêts « envers le mandataire;

« Attendu que, pour justifier sa demande en dom- « mages-intérêts contre la Compagnie « **L'Abeille** », à « raison de la révocation du mandat salarié qu'elle lui « avait confié, L... n'a établi ni allégué, soit que la « Compagnie eût renoncé à son droit, soit qu'elle l'eût « exercé d'une manière abusive; — qu'il s'est borné « à prétendre qu'elle avait prononcé sa révocation sans « motif légitime;

« Attendu, dès lors, que l'arrêt attaqué n'a fait « qu'une juste application de l'article 2004, en décidant « que la Compagnie **L'Abeille**, ne devant pas compte « des motifs qui l'avaient déterminée, n'avait fait « qu'user de son droit en révoquant le mandat qu'elle « avait donné à L...;

« Par ces motifs, rejette le pourvoi intraduit par « L... »

Les Compagnies prennent du reste le soin, bien superflu, en présence de semblable jurisprudence, de stipuler dans leur contrat, où c'est devenu une clause de style, qu'elles se réservent de révoquer à leur gré l'agent qu'elles ont choisi, et ce, sans indemnité, quelles que soient les circonstances.

Au surplus, en fût-il autrement, que la solution resterait la même. La Cour de Nancy, dans une espèce qui lui fut soumise, avait pensé différemment : elle avait alloué des dommages-intérêts à un agent dépossédé de son portefeuille par la Compagnie, à la connaissance de laquelle il l'avait acheté; mais un arrêt de la Cour de cassation, Chambre civile, du 10 novembre 1891, a, par application des principes plus haut exposés, cassé la décision de la Cour de Nancy. Même dans ce cas, le mandat est révocable **ad nutum** : « Il importe peu, dit l'arrêtiste, que l'agent n'ait été primitivement agréé par la Compagnie que sur la présentation d'un tiers, précédemment revêtu du même mandat, dont il avait acquis le portefeuille à prix d'argent, au vu et au su de la Compagnie d'assurances. « — Dal., 1892, 1-406.

Telle est la situation des portefeuilles d'assurances : nos longues, mais indispensables citations nous dispensent de tout autre commentaire et suffisent à motiver notre abstention en ce qui concerne ce genre de situations.

C. — Les courtiers d'assurances.

Nous avons défini dans le paragraphe qui précède la situation exacte de l'agent d'assurances, titulaire d'un portefeuille. C'est, à proprement parler, l'employé d'une Compagnie rémunéré par une remise spéciale, jointe ou non à des appointements fixes, qui a dans ces conditions l'obligation stricte de réserver à sa Compagnie les affaires qu'il peut réunir.

Le courtier d'assurances a bien, comme l'agent l'obligation de vister la clientèle et d'offrir aux assurés son concours pour la rédaction de leurs polices, mais il reste libre de porter l'affaire qu'il a obtenue à la Compagnie de son choix. D'où pour lui un grand avantage lorsque, comme il arrive pour certains risques spéciaux, les tarifs des Compagnies offrent des différences qui font que l'aasuré peut avoir davantage à s'adresser à telle société plutôt qu'à telle autre.

En un mot, le travail du courtier est identiquement le même que celui de l'agent avec cette seule différence que le courtier est entièrement libre vis-à-vis des Compagnies. D'autre part, tandis que l'agent est uniquement rémunéré par une remise sur les encaissements, le courtier, lui, touche de suite, sauf de rares exceptions, l'intégralité de sa remise, l'encaissement des primes restant à la charge et aux risques des Compagnies.

Les remises consenties par les Compagnies aux courtiers sont très avantageuses : elles varient suivant la nature du risque assuré entre 100 o/o et 250 o/o de la prime annuelle. Ainsi la souscription d'une police d'assurance incendie, comportant une prime annuelle de cinquante francs, donnerait au courtier droit à une remise de 125 francs.

La valeur d'une telle affaire dépend donc uniquement de la clientèle d'assurés que le titulaire a su réunir.

Les affaires de ce genre, très importantes à Paris, sont aussi extrêmement rares, parce que très recherchées. Elles se cèdent à raison d'environ trois fois le produit net.

CHAPITRE III

Situations commerciales et industrielles.

Nous avons plus spécialement étudié jusqu'ici les situations qui conviennent plus particulièrement à notre clientèle habituelle, plutôt préparée, par ses études, ou ses antécédents à des positions ayant quelque rapport avec les choses du droit.

Mais il est d'autres débouchés, au moins aussi intéressants, bien que sous un tout autre rapport, et des plus avantageux au point de vue pécuniaire, nous voulons parler des situations dans le commerce ou même dans l'industrie.

Bien entendu, ces situations ne sont pas toutes à la portée de nos clients habituels : un certain nombre d'entre elles demandent un apprentissage long et délicat, ou une connaissance approfondie des choses du métier. Mais il en est d'autres, au contraire, qui, faciles à tenir, ne demandant qu'une mise au courant très courte, n'offrant aucune complication ni dans leur organisation, ni dans la marche des affaires, sont, on peut le dire sans exagération, à la portée de tout le monde, ou à peu près. Et cette dernière catégorie peut, d'autant plus convenir à notre clientèle, que celle-ci se compose particulièrement d'hommes d'affaire, et que les stages réglementaires, ou l'exercice de la profession d'officier ministériel constitue pour la conduite des affaires en général, le meilleur des apprentissages

Nous étions d'ailleurs, et depuis longtemps, sollicité d'adjoindre cette branche à celles dont nous nous occupons depuis de longues années.

Un grand nombre de nos clients, anciens officiers ministériels surtout, soit lassés d'exercer leur profession, souvent fatigante, soit qu'ils n'aient acquis leurs office qu'à regret, et poussés comme il arrive souvent, par les désirs de leur famille, cherchent dans les situations industrielles ou commerciales un débouché convenant mieux à leurs goûts ou à leurs aptitudes, et nous sollicitent de les aider dans leur recherche.

Aussi pouvons-nous, comme pour le reste, nous tenir à la disposition de nos clients pour ce genre de positions.

Etant donnée la diversité de ces situations, on n'attendra pas de nous que nous en présentions une étude de détail, qui épuiserait la matière de plusieurs volumes. Il nous suffira d'indiquer que ce genre de profession, toujours intéressant, est, plus que tout autre, susceptible d'une extension considérable, et que telle affaire, donnant un chiffre modeste de bénéfices peut prendre entre les mains d'un nouveau titulaire, plus actif, plus entreprenant, ayant parfois plus de sens, ou plus exactement plus d'instinct commercial, une importance considérable.

Le travail y est, d'autre part, toujours aidé, facilité qu'il est par la présence et le concours d'un personnel indispensable qui se partage les divers travaux. Enfin les facilités que présentent, pour un industriel ou un commerçant l'appel au crédit, permettent, plus aisément que dans tout autre genre d'affaires, une extension très large, avec un capital relativement modéré.

Si ce genre de profession est intéressant pour tous ceux qui ont été à un titre quelconque, dans les affaires, il l'est à plus forte raison pour les jeunes gens qui, n'ayant accompli aucun stage, ne peuvent embrasser aucune des carrières dont nous avons entretenu nos lecteurs dans la première partie de cet ouvrage. Et. pour ceux qui se défient, ou de leur compétence, ou de leurs propres forces, l'association leur donne le moyen, tout en ayant de suite une situation lucrative et indépendante, de faire leur aprentissage industriel ou commercial sous la direction et avec l'aide du ou des coassociés.

CHAPITRE IV

Conseils aux Acquéreurs.

Maintenant que nous avons passé en revue les différentes situations qui peuvent intéresser de près ou de loin nos lecteurs, nous croyons utile de terminer par quelques conseils pour guider les acquéreurs et les cédants.

Bien que rien ne paraisse plus simple que d'acquérir une charge ou une situation, combien n'avons-nous pas vu de nos clients manquer, faute d'un peu d'initiative, ou de quelques précautions bien simples, une affaire qui leur aurait convenu à merveille, ou une occasion qui risque de ne jamais se représenter. On s'en repent bien.. après, mais il est trop tard.

Tout d'abord, nous ne saurions trop y insister, ne s'adresser pour la recherche d'une situation qu'à une maison ancienne et sérieuse, et qui ait fait ses preuves; et ne pas craindre de prendre sur l'intermédiaire à qui on veut s'adresser des renseignements précis, et de lui demander des références.

En ce qui nous concerne,nous tenons à la disposition de ceux de nos clients qui nous en font la demande, la liste avec adresses, des affaires traitées par nos soins durant les derniers mois écoulés, de façon à mettre nos clients à même de se rendre compte que les affaires que nous présentons sont toujours sérieuses et honorables. Défiez-vous, nous ne saurions trop le répéter, des intermédiaires trop peu scrupuleux qui offrent à grand renfort de publicité d'extraordinaires « occasions ».

En second lieu, il est essentiel de fournir à l'intermédiaire choisi des indications aussi précises que possible sur ce que l'on désire : lorsqu'on est bien fixé sur ce que veut un client, il devient relativement facile de lui donner satisfaction.

Ne vous montrez pas trop exigeants dans le choix de la situation que vous cherchez : on est malheureusement trop souvent forcé de se contenter d'un à peu près. Il ne faut pas se dire à l'avance : « Je ne prendrai qu'une situation qui réunira tels et tels avantages », vous risqueriez de ne la jamais trouver, et, tel le héron de la fable, d'être obligé de vous contenter, après vous être usés en recherches, de tout autre chose que ce que vous aviez rêvé. Il faut se dire : « dès que je trouverai une situation se rapprochant assez de l'idéal que je me suis fixé, je me hâterai de la prendre, dans la crainte de tomber plus mal ensuite.

Ne demandez pas non plus l'impossible. Bon nombre de candidats, alléchés par les annonces de la quatrième page des journaux croient qu'on peut avoir, pour rien ou presque, une situation superbe : 15.000 fr. de bénéfice pour 8.000 francs, par exemple, pour reprendre les termes d'une annonce qui nous tombait ces jours-ci sous les yeux. Nous souhaitons à nos lecteurs de ne jamais faire pareille opération. Dites-vous bien qu'une bonne affaire garde toujours sa valeur, et que, sauf des cas de force majeure très rares, un cédant ne sera jamais assez naïf pour laisser à moitié prix une affaire dont il pourrait tirer le double. Et si vous vous amusez à étudier une de ces soi-disant occasions, vous vous apercevrez bien vite, ou que les bénéfices sont artificieusement majorés, ou qu'on vous dissimule les trois quarts des frais généraux, etc., etc.

Quand une affaire vous paraît devoir vous intéresser, n'hésitez pas à en entreprendre l'étude, et perdez le moins de temps possible. Si en effet elle est avantageuse, et si vous attendez, il y aura de grandes chances pour qu'un autre, plus prompt, survienne et vous l'enlève.

N'hésitez pas, au lieu de perdre du temps en correspondance, comme le font trop souvent nos clients, à vous rendre sur place. C'est, en effet, sur place seulement, par l'examen des livres, de la comptabilité, des dossiers, qu'on peut se rendre compte de la valeur d'une affaire. C'est un voyage à risquer, mais, lorsque vous aurez affaire à un intermédiaire sérieux et sachant ce que vous désirez, il y aura toutes probabilités que votre voyage ne sera pas inutile.

Beaucoup de candidats ne se décident à étudier une affaire, ou à en traiter, qu'après avoir pris sur elle des renseignements. C'est tout à fait légitime, et c'est une pratique que l'on ne peut que conseiller, mais à la condition qu'on ne demande au renseignement, et surtout au renseignement d'agence, que ce qu'il peut raisonnablement donner. Un renseignement fourni par un tiers ne peut, en effet, donner aucune indication précise sur la valeur d'une affaire: on peut tout au plus savoir par lui de quelle réputation elle jouit, et quelle est la réputation et la moralité du titulaire, quel est son train de vie; en un mot tout ce qui constitue ce que nous pourrions appeler les dehors de l'affaire.

Par contre, il n'est pas de renseignement au monde qui puisse indiquer avec quelque certitude quel peut être le produit ou les bénéfices que peut réaliser une affaire quelle qu'elle soit. Il faut que nos lecteurs se persuadent de cette vérité : qu'à cet égard ils ne peuvent avoir d'indication sérieuse que par l'examen auquel ils se livreront **personnellement**, et que facilitera toujours un vendeur sérieux.

Un grand nombre de nos clients ont aussi une tendance non moins fâcheuse : ils considèrent la mission de l'intermédiaire comme terminée lorsque celui-ci leur a fait les indications dont il disposait. Nous ne saurions trop leur rappeler que, pour aboutir il est essentiel de se tenir en rapports constants avec l'intermédiaire. Si une affaire proposée ne convient pas, le lui faire savoir et lui dire pourquoi : c'est un renseignement dont tout agent sérieux fera son profit, car il lui permettra de préciser les desiderata de son client, et d'arriver ainsi, petit à petit, à savoir exactement ce qui doit lui convenir. Si, au cours de leurs rapports communs, le candidat changeant d'avis songe à se tourner d'un autre côté, qu'il ne manque pas non plus d'en avertir son correspondant, qui aura presque toujours, dans ce nouvel ordre d'idées, des propositions intéressantes à lui faire. Si une affaire convient, aviser de suite l'intermédiaire, qui, autrement, pourrait signaler la même affaire à d'autres candidats, et mettre ainsi le premier en présence de concurrents, ce qui ne pourrait qu'augmenter les exigences du vendeur.

Il ne faut pas oublier d'ailleurs que l'intermédiaire a un autre rôle, et qu'il peut presque toujours faciliter une entente entre vendeur et acquéreur lorsqu'arrive le moment, toujours difficile, de la discussion du prix. Neuf fois sur dix l'intervention de l'agence permet aux deux parties de tomber rapidement et facilement d'accord.

S'il est tout à fait légitime de la part du candidat de marchander le plus possible, et de tenter d'avoir l'affaire au meilleur compte possible, il ne faut pas pousser la chose à l'extrême. A vouloir faire une trop bonne affaire on risque de rebuter le vendeur, et de se la voir enlever par un concurrent plus avisé, qui offrira de suite un prix plus raisonnable : et c'est l'éventualité qui se réalisera presque toujours, lorsque l'affaire sera intéressante, ou particulièrement avantageuse.

Enfin lorsqu'un accord sera intervenu, nous ne saurions trop conseiller à nos clients de le réaliser de suite par écrit, ne fût-ce que pour éviter à leur vendeur la tentation d'accepter postérieurement une offre un peu supérieure qui pourrait lui être faite.

Il nous est arrivé souvent de nous trouver en présence de candidats, occupant déjà une situation, et nous demandant de leur rechercher une autre situation, soit plus importante, soit plus en rapports avec leurs goûts ou leurs aptitudes. Nous ne saurions trop conseiller à tous ceux qui se trouvent dans ce cas, de se débarrasser auparavant de la situation qu'ils occupent : il arrive souvent, en effet, qu'après avoir traité d'une situation nouvelle, ils ne peuvent ensuite trouver en temps utile un candidat pour les remplacer dans l'ancienne, d'où difficultés avec leur vendeur et souvent dommages-intérêts plus ou moins importants mis à leur charge. Il est donc essentiel, avant de rechercher une situation nouvelle, de chercher à céder celle qu'on occupe : et si l'on a quelque crainte de rester inoccupé ou sans situation, avant d'avoir trouvé ce que l'on désire, il faut tout au moins s'assurer par un traité conditionnel, d'un candidat sûr, prêt à acquérir quand le moment en sera venu, la charge que l'on s'apprête à quitter.

Un mot enfin pour terminer : un grand nombre de candidats, désireux d'acquérir un office ministériel, dans leur correspondance avec les cédants, veulent souvent obtenir de ceux-ci par lettre, des renseignements sur le prix qui serait demandé, et s'étonnent de n'avoir pas de réponse sur ce point : **Il ne faut pas oublier qu'en raison de la dissimulation, qui est de règle presque absolue en matière de cession d'offices ministériels, et des sanctions très rigoureuses que sa révélation peut entraî-**

ner, ce n'est que de vive voix, que, dans la plupart des cas cette question peut être traitée.

Nous ne pouvons trop engager nos clients à suivre les quelques conseils, fruits de notre longue expérience, que nous leur donnons ci-dessus : ils éviteront ainsi bien des mécomptes, et pourront aboutir plus sûrement et plus rapidement.

PRENEZ GARDE !

Il n'est, pour ainsi dire, pas de semaine où la conversation suivante, à quelques variante près, ne s'engage dans nos bureaux :

« Connaissant votre maison, et sachant qu'elle s'occupe sérieusement des affaires qui lui sont confiées, je viens vous demander de vouloir bien vous charger de la cession de l'affaire que je dirige. Je n'y suis que depuis assez peu de temps, mais le séjour de Paris ne me convient pas, et l'état de ma santé exige mon retour en province. »

Nous n'avons pas besoin d'en entendre davantage pour avoir — hélas — compris : c'est encore un malheureux naïf qui, alléché par les mirobolantes annonces de la quatrième page des journaux, s'est laissé aller à acquérir, sur les conseils d'un intermédiaire trop peu scrupuleux, une affaire!! dont les produits n'ont jamais existé que sur le papier, et encore!...

La fréquence de pareils faits nous impose le devoir de mettre nos clients en garde contre les agissements de ces écumeurs d'affaires, qui, grâce à une ingénieuse — trop ingénieuse — publicité, exploitent les malheureux trop confiants. Puissent ces lignes être lues partout et comprises.

Le mode de procéder est des plus simples pour quiconque a la conscience... un peu large : Voici comment on opère :

Les spécialistes en ce genre... d'affaires, toujours les mêmes, et heureusement peu nombreux, s'appliquent à faire une publicité continue à la dernière page de tous les grands journaux, de façon à obséder le lecteur de leur réclame. De même que tout banquier véreux qui se respecte se garderait bien d'annoncer à ses clients des actions d'un dividende inférieur à 100 o/o du capital, l'intermédiaire en question ne fait figurer dans sa publicité que des affaires extraordinaires : 25.000 fr. de bénéfices nets pour 6, 8, 10.000 fr. Comme bien on pense les demandes pleuvent, il ne reste qu'à choisir dans la quantité le ou les clients les plus.... faciles.

Chez le vendeur, une mise en scène savante est organisée, de nature à inspirer confiance au client, qui, contre toutes prévisions, viendrait à témoigner quelque méfiance.

Manifeste-t-il quelque crainte de ne pas être, faute de connaissances à la hauteur de sa tâche, on lui affirme que rien n'est plus simple, que l'affaire marche toute seule. N'a-t-on pas persuadé ainsi à un ancien percepteur que le contentieux était la chose du monde la plus aisée, et qu'en quinze jours, sans autre apprentissage, il en saurait assez pour diriger le plus important cabinet de la place.

Est-il, au dernier moment, malgré toute l'habileté apportée à présenter l'affaire, pris d'un doute sur sa valeur réelle, on lui offre aussitôt toutes les garanties possibles : garantie par contrat de la sincérité des produits annoncés, garantie par le même contrat des bénéfices futurs, etc., etc., d'autant plus volontiers que le vendeur ne présentant aucune surface sait mieux que quiconque qu'il peut tout promettre sans rien risquer. Le malheureux client, circonvenu, ne se dit pas qu'il est étrange, qu'un cabinet sérieux se montre aussi peu exigeant sur le prix, alors qu'il pourrait facilement en obtenir davantage; qu'il est étrange aussi que le vendeur n'hésite pas à lui garantir des bénéfices futurs, alors que ces bénéfices, quelle que soit d'ailleurs la valeur de l'affaire, dépendront surtout de ses aptitudes et de son travail, et qu'un vendeur sérieux se gardera bien de garantir les résultats de la gestion d'un successeur qu'il ne connait qu'à peine et dont il n'a pu apprécier ni le travail ni les capacités. Il ne se dit pas que cette garantie dont on le leurre,n'a de valeur que si le vendeur présente de la surface. Et l'infortuné traite, pour s'apercevoir au bout de peu de jours que, quelque soit le prix qu'il a versé, il est loin d'en avoir pour son argent.

Cette triste constatation faite, l'acquéreur n'a plus qu'un souci : vendre vaille que vaille, et se retirer. Mais à qui vendre et comment? Honnête, la plupart du temps, il ne voudra pas mettre en œuvre les moyens grâce auxquels il a été si élégamment trompé; le seul fait de revendre aussi rapidement suffira d'ailleurs à mettre en fuite les acquéreurs possibles, qui soupçonneront la vérité. Mais la plupart du temps le prédécesseur est là à l'affût qui s'offrira à reprendre l'affaire pour un morceau de pain, pour recommencer la même et fructueuse opération que ci-dessus. Souvent même ce dernier attendra que son successeur, lassé, ferme purement et simplement et se retire. Dans ces conditions, rien ne s'opposant plus à ce qu'il se réinstalle, il fondera une nouvelle affaire dont il tirera le même parti qu'il a tiré de la précédente.

Un tel métier rapporte d'ailleurs gros à l'intermédiaire. On ne « travaille » pas dans ces sortes d'affaires pour une commission moindre de 25 0/0 et le taux normal est de 30 à 50 0/0 et parfois davantage. Nous pourrions citer l'exemple d'un titulaire qui, vendant son agence par l'entremise d'un de ces intermédiaires, pour une somme globale de 12.000 fr., dont moitié comptant, et le reste en billets à ordre, vit son mandataire s'attribuer l'intégralité de la somme versée comptant, soit 6.000 r.

On peut s'étonner qu'un tel trafic puisse se continuer : malheureusement le volé hésite toujours à ébruiter son aventure et à porter plainte : on le sait et on en profite. Et si par hasard, une plainte intervient, elle est suivie d'un remboursement immédiat qui permet d'arrêter les poursuites dès leur début.

Ces spécialistes crient bien haut — trop haut — sur tous les toits, leur intangible honnêteté.

La circulaire de l'un d'eux, qui déclare modestement, tenir la première place à Paris, nous tombe sous les yeux. Vous y lirez, en première page, en caractères très apparents l'affirmation que ne sont offertes aux clients que des affaires reconnues, après examen, comme étant de tout repos. Mais continuez votre lecture, cherchez bien, et vous trouverez dissimulé dans un coin de page, en petits caractères cette fois, l'avertissement que les renseignements sont donnés sans garantie, et que leur vérification incombe à l'acquéreur. Neuf fois sur dix, naturellement, ce bout de phrase passe inaperçu — mais lorsqu'un client vient à se plaindre, on le lui place sous les yeux — façon commode de dégager sa responsabilité.

D'autres s'offrent bénévolement et gratuitement à

donner aux clients des renseignements sur les affaires qui leur sont proposées par d'autres. Naturellement, les renseignements sont toujours détestables; on démontre au malheureux qu'il allait être infailliblement volé, et, profitant de la reconnaissance que ce prétendu service éveille en lui, on lui... donne son ours. Quant aux adresses que l'opérateur a ainsi recueillies, soyez tranquille : elles ne sont pas perdues, et serviront pour d'autres, si les titulaires s'y prêtent.

Evidemment, ces combinaisons louches ne portent en rien atteinte à la valeur des cabinets d'affaires sérieux qui constituent une des plus agréables et des plus lucratives situations pour un homme au courant des affaires. Néanmoins, nous avons estimé qu'il y avait un véritable intérêt de salubrité publique à étaler au grand jour ces blâmables pratiques.

Le remède? Il est simple et à la portée de tous.

Tout d'abord, il n'est pas un homme habitué tant soit peu aux affaires qui n'arrive facilement à déjouer ces fraudes, qui ne peuvent tromper que des novices.

Mais le plus sûr est de se méfier des annonces trop alléchantes, et de ne les accepter qu'avec les plus grandes précautions.

De plus, et de même que vous ne confierez pas le soin de votre santé à un médecin que vous ne connaissez pas, ni le soin de vos intérêts à un avocat ignoré de vous, ne vous adressez qu'à un intermédiaire qui ait fait ses preuves, prenez au besoin des renseignements sur son compte, et n'hésitez pas le cas échéant à lui demander des références, en le priant de vous mettre en mesure de vous renseigner sur lui-même auprès des clients qu'il a antérieurement fait traiter. Une maison qui fait honorablement les affaires sera toujours en mesure de vous donner de telles références, que ne pourront, et pour cause, vous fournir les autres. Et quand vous serez sur le point de traiter, souvenez-vous qu'en matière de cabinets d'affaires comme en toute autre, un cabinet sérieux a toujours sa valeur, et qu'à vouloir faire un marché trop avantageux, on risque d'être dupe.

Puissent ces quelques lignes, éviter à ceux de nos lecteurs qui en pourraient avoir la tentation, de tomber entre les mains d'aventuriers tels que ceux dont je viens de dénoncer les erremnts.

P.-S. — Je n'ai parlé ci-dessus que des cabinets d'affaires, qui intéressent plus particulièrement nos lecteurs. Est-il besoin de dire que ces mêmes pratiques sont en usage pour tous genres de situations.

TABLE DES MATIÈRES

PARIS. IMPRIMERIE ALB. RANCIN, 102, RUE ORDENER

www.ingramcontent.com/pod-product-compliance
Ingram Content Group UK Ltd.
Pitfield, Milton Keynes, MK11 3LW, UK
UKHW021221230726
13926UKWH00003B/1164